工业自动化与智能化丛书

DeepSeek
驱动工业智能

技术架构、应用路径与实践创新

智振 李森 乐翔 著

机械工业出版社
CHINA MACHINE PRESS

图书在版编目（CIP）数据

DeepSeek 驱动工业智能：技术架构、应用路径与实
践创新 / 智振，李森，乐翔著 . -- 北京：机械工业出
版社，2025.6. --（工业自动化与智能化丛书）.
ISBN 978-7-111-78470-8

I. F407.4-39

中国国家版本馆 CIP 数据核字第 2025XW1716 号

机械工业出版社（北京市百万庄大街 22 号　邮政编码 100037）
策划编辑：刘松林　　　　　　　　责任编辑：刘松林
责任校对：张勤思　杨　霞　景　飞　责任印制：任维东
河北宝昌佳彩印刷有限公司印刷
2025 年 6 月第 1 版第 1 次印刷
165mm × 225mm・13 印张・169 千字
标准书号：ISBN 978-7-111-78470-8
定价：89.00 元

电话服务　　　　　　　　　　网络服务

客服电话：010-88361066　　　机　工　官　网：www.cmpbook.com
　　　　　010-88379833　　　机　工　官　博：weibo.com/cmp1952
　　　　　010-68326294　　　金　书　网：www.golden-book.com
封底无防伪标均为盗版　　　机工教育服务网：www.cmpedu.com

在工业 4.0 浪潮的推动下，传统工业模式正经历着前所未有的变革。作为核心驱动力，人工智能（Artificial Intelligence，AI）通过其强大的数据分析和处理能力，为工业生产带来了深刻的改变。AI 不仅提高了生产效率，还通过优化算法和智能决策系统，实现了对生产流程的精准控制，有效减少了设备停机时间和资源浪费。在质量控制方面，AI 利用图像识别和数据分析技术，实现了对工业生产的高精度实时检测，大幅降低了质量成本。此外，AI 还优化了供应链管理，通过精准预测市场需求，提高了库存管理和物流配送的效率。这些变革不仅提升了企业的竞争力，还推动了整个产业的升级，为可持续发展提供了助力。

作为这一变革中的佼佼者，DeepSeek 以其独特的多模态处理、模型轻量化等核心优势，为工业智能的发展注入了新的活力。DeepSeek 的多模态处理能力能够整合多种数据源，为工业生产提供更全面的感知和分析；而模型轻量化则确保了技术在工业现场的高效部署和运行。随着工业对智能化和效率提升的需求日益迫切，DeepSeek 的应用不仅能够帮助工业企业快速适应市场变化，还能使工业企业在激烈的行业竞争中占据先机。DeepSeek 成为推动工业领域高质量发展的关键技术支撑。

然而，面对这一新兴技术，工业从业者往往感到既兴奋又迷茫。他们渴望了解 DeepSeek 的技术本质，掌握其在工业场景中的应用方法，以实现生产效率与智能化水平的双重提升。

正是基于这样的背景，我们决定撰写这本《DeepSeek 驱动工业智能：技术架构、应用路径与实践创新》。本书旨在成为工业从业者应用 DeepSeek 的指南，通过系统解析 DeepSeek 的技术架构、核心优势以及在工业场景中的应用路径，帮助读者全面掌握这一前沿技术，推动工业智能的快速发展。

在本书撰写的过程中，我们注重理论与实践的紧密结合。一方面，我们深入剖析了 DeepSeek 的技术原理与算法细节，让读者能够深刻理解其运行机制与优势；另一方面，我们结合大量工业案例，展示了 DeepSeek 在预测性维护、工艺优化等工业应用中的落地路径与实际效果。这种理论与实践相结合的方式，不仅增强了本书的可读性，也提升了其实用价值。

书中若有不妥之处，敬请广大读者不吝指正。

Acknowledgements | 致谢

　　本书得以付梓，是众多智慧汇聚、力量交织的结晶。本书承载着我对工业智能化领域的深刻洞察与不懈追求，也寄托着行业内外对未来工业发展的殷切期望。在这一过程中，无数的人和事如同一盏盏明灯，照亮我前行的道路，给予我无尽的支持与鼓励。此刻，我满怀感恩，希望借这方小小的天地，向每一位在成书之旅中留下深刻印记的伙伴，表达我最诚挚的谢意。

　　感谢中工互联（北京）科技集团有限公司（以下简称中工互联）解决方案首席专家李森博士，宁波和利时信息安全研究院有限公司乐翔先生、李季先生，中工互联张荫亮先生、鲁曼、戚嘉富等。我有幸与一群志同道合的科研人员携手同行。他们拥有不同的学术背景，来自不同的研究机构，却因对工业智能化的共同热爱和追求而汇聚在一起，成为我在探索与创新之路上不可或缺的智慧同行人。

　　在工业智能化领域深耕多年的领军企业（如和利时、江山变压器、同方水务集团、英格索兰等）是推动工业智能化发展的重要力量。它们在实践中积极探索 DeepSeek 的应用，为理论与实际的结合搭建了坚实的桥梁。它们提供了丰富的数据、应用场景和反馈信息，让我能够深入了解工业智能化在不同行业的实际需求和应用难点。这些企业的实践不仅为本书提供了丰富的案例和实证，也为 DeepSeek 在工业领域的广泛应用积累了宝贵的经验。

在本书从初稿到出版的过程中，编辑与出版团队的专业精神和辛勤付出是不可或缺的关键因素，他们无疑是品质的雕琢者。

最后，我要向每一位翻开本书的读者致以最诚挚的敬意和感谢。我深知，每一位读者都带着自己独特的背景、经验和思考走进本书的世界。无论你是渴望通过本书获取新的技术应用思路、提升工作效率和创新能力的工业领域从业者，还是希望借此了解行业的前沿动态和发展趋势的工业智能化爱好者，或是期待在书中找到新的研究灵感和合作契机的科研工作者，你们的阅读和思考都将为本书注入新的活力，使其价值在实践中得以延伸和拓展。

同时，我也真诚地欢迎大家提出宝贵的意见和建议。无论是对书中内容有任何疑问、不同的见解，还是希望进一步探讨相关话题，都请不吝赐教。你们的反馈是我不断进步的动力，也是我未来完善和拓展研究的重要依据。让我们携手共进，共同推动 DeepSeek 在工业智能化领域的发展，为实现新型工业化贡献力量。

智振

Contents | 目录

前言

致谢

第1章 工业智能化演进与 DeepSeek 技术体系 ……………………… 1

1.1 工业智能化的演进历程 …………………………………………… 1

1.1.1 技术演进：从自动化到智能化 …………………………… 2

1.1.2 应用演进：行业变革与创新实践 ………………………… 5

1.1.3 未来演进：AI 赋能与全面重构 ………………………… 7

1.2 DeepSeek 技术生态定位 ………………………………………… 9

1.2.1 产业链的角色定位 ………………………………………… 9

1.2.2 行业赋能的角色定位 …………………………………… 11

1.2.3 工业智能生态的角色定位 ……………………………… 15

1.3 DeepSeek 技术架构的核心优势 ……………………………… 17

1.3.1 高效自研模型架构：理论创新与工程实践 …………… 19

1.3.2 大规模数据处理能力：理论突破与工业级实践 ……… 20

1.3.3 分布式训练优化技术：系统级协同与智能调度 ……… 21

1.3.4 领域自适应与迁移能力：机理探索与跨界赋能 ……… 23

1.3.5 计算资源高效利用：机理创新与能效革命 …………… 24

第 2 章　DeepSeek 在工业场景中的强推理能力 ················· 26

2.1　工业场景下强推理能力的重要性和必要性 ··············· 26

2.1.1　大模型在工业领域的应用现状 ················· 26

2.1.2　工业场景特征下的推理能力需求 ··············· 28

2.1.3　工业场景下强推理能力的三个维度 ············· 32

2.1.4　强推理能力在工业场景中的必要性与核心价值 ····· 35

2.2　DeepSeek-R1 如何实现工业场景下的强推理能力 ········· 36

2.2.1　面向工业场景的深度推理架构设计 ············· 36

2.2.2　核心算法创新与工业适配 ··················· 44

2.2.3　工业级可靠性与安全性保障 ················· 51

2.3　工业场景全链条推理能力实现 ····················· 58

2.3.1　场景 1：智能生产排程与动态调度优化 ··········· 59

2.3.2　场景 2：预测性维护与根因诊断 ··············· 60

2.3.3　场景 3：质量管控与缺陷推理 ················· 61

2.3.4　场景 4：韧性供应链管理 ··················· 61

2.3.5　场景 5：智能仓储与物流优化 ················· 62

2.3.6　场景 6：能耗管理与低碳优化 ················· 63

2.3.7　场景 7：工艺参数自学习调优 ················· 63

2.3.8　场景 8：设备健康管理与剩余寿命预测 ··········· 64

第 3 章　DeepSeek 的应用方法论 ······················· 65

3.1　云端 SaaS 模式 ······························· 65

3.1.1　定义及特征 ··························· 65

3.1.2　SaaS 模式的部署应用情况 ················· 67

3.2　本地私有化部署模式 ··························· 68

3.2.1　定义及特征 ··························· 68

3.2.2　算力消耗与优化策略 ····················· 70

  3.2.3 硬件选型要求与策略 ······················· 70
3.3 混合云部署模式（API+ 本地蒸馏模型） ··········· 72
  3.3.1 定义及特征 ····························· 72
  3.3.2 典型应用场景 ··························· 74
3.4 模型优化技术（二次蒸馏） ······················· 75
  3.4.1 定义及特征 ····························· 75
  3.4.2 模型蒸馏技术的流程分层 ················· 77
  3.4.3 模型的首次蒸馏与二次蒸馏 ············· 78
3.5 DeepSeek 与网络安全 ····························· 81
  3.5.1 DeepSeek 应用的网络安全挑战 ··········· 81
  3.5.2 DeepSeek 安全可信防护机制 ············· 84

第 4 章　DeepSeek 在装备制造行业的应用路径探索 ········ 90
4.1 装备制造行业的特征 ····························· 90
4.2 DeepSeek 在生产过程场景的应用路径 ············· 91
  4.2.1 关键数据 ······························· 91
  4.2.2 技术路线 ······························· 92
  4.2.3 训练过程 ······························· 93
  4.2.4 应用效果 ······························· 94
4.3 DeepSeek 在生产排产场景的应用路径 ············· 95
  4.3.1 关键数据 ······························· 95
  4.3.2 技术路线 ······························· 96
  4.3.3 训练过程 ······························· 96
  4.3.4 应用效果 ······························· 97
4.4 DeepSeek 在设备运维场景的应用路径 ············· 98
  4.4.1 关键数据 ······························· 98
  4.4.2 技术路线 ······························· 99

4.4.3 训练过程 ·· 100

4.4.4 应用效果 ·· 101

4.5 案例：江山变压器"智变"大模型项目 ···················· 101

4.5.1 案例背景 ·· 101

4.5.2 应用解决方案 ·· 102

4.5.3 应用效果 ·· 103

第 5 章　DeepSeek 在水务行业的应用路径探索 ·············· 105

5.1 水务行业的特征 ·· 105

5.2 DeepSeek 在管网健康诊断场景的应用路径 ············ 108

5.2.1 关键数据 ·· 108

5.2.2 技术路线 ·· 109

5.2.3 训练过程 ·· 110

5.2.4 应用效果 ·· 112

5.3 DeepSeek 在水质安全智能监控场景的应用路径 ······ 113

5.3.1 关键数据 ·· 113

5.3.2 技术路线 ·· 114

5.3.3 训练过程 ·· 115

5.3.4 应用效果 ·· 116

5.4 案例：中核环保科技有限公司的水务智能化改造 ········ 117

5.4.1 案例背景 ·· 117

5.4.2 应用解决方案 ·· 118

5.4.3 应用效果 ·· 119

第 6 章　DeepSeek 在油气生产行业的应用路径探索 ········ 121

6.1 油气生产行业的特征 ·· 121

6.2 DeepSeek 在油气井智能监控场景的应用路径 ········· 123

6.2.1 关键数据 ·· 123

6.2.2 技术路线 ·· 124

6.2.3 训练过程 ·· 125

6.2.4 应用效果 ·· 126

6.3 DeepSeek 在油气田智能开发场景的应用路径 ··············· 127

6.3.1 关键数据 ·· 127

6.3.2 技术路线 ·· 128

6.3.3 训练过程 ·· 129

6.3.4 应用效果 ·· 130

6.4 案例：某石油研究院的钻井风险优化 ···························· 131

6.4.1 案例背景 ·· 131

6.4.2 应用解决方案 ··· 131

6.4.3 应用效果 ·· 133

第 7 章 DeepSeek 在低空经济行业的应用路径探索 ················ 134

7.1 低空经济行业的特征 ··· 134

7.2 DeepSeek 在应急救援场景的应用路径 ························· 136

7.2.1 关键数据 ·· 136

7.2.2 技术路线 ·· 137

7.2.3 训练过程 ·· 138

7.2.4 应用效果 ·· 139

7.3 DeepSeek 在农林作业场景的应用路径 ························· 140

7.3.1 关键数据 ·· 140

7.3.2 技术路线 ·· 141

7.3.3 训练过程 ·· 142

7.3.4 应用效果 ·· 143

7.4 DeepSeek 在物流运输场景的应用路径 ························· 145

7.4.1 关键数据 ··· 145

7.4.2 技术路线 ··· 146

7.4.3 训练过程 ··· 148

7.4.4 应用效果 ··· 149

第 8 章 DeepSeek 赋能工业应用的展望 ················· 151

8.1 DeepSeek 对工业 AI 未来发展的影响 ················· 151

8.1.1 科技变革来临 ·· 151

8.1.2 产业变革的机会与挑战 ·························· 154

8.1.3 工业智能的发展方向 ······························ 156

8.1.4 工业智能对世界工业格局的影响 ············ 159

8.2 DeepSeek 赋能网络安全及未来展望 ················· 160

8.2.1 DeepSeek 深度赋能工业网络安全防护 ········ 160

8.2.2 DeepSeek 时代工业网络安全的机遇和挑战 ··· 164

8.3 DeepSeek 工业生态的建议与倡议 ··················· 167

8.3.1 DeepSeek 是打造 AI 生态的重要基石 ········· 167

8.3.2 工业智能生态的重要性 ·························· 170

8.3.3 工业智能生态的可行路径 ······················ 172

8.3.4 工业智能生态的价值 ···························· 175

8.3.5 关于共同打造工业智能生态的五点倡议 ····· 177

第 9 章 结语 ··· 180

9.1 DeepSeek 为什么会诞生在我国 ······················ 180

9.1.1 技术背景：用"换道超车"破解"卡脖子"困局 ·· 181

9.1.2 产业背景：我国 AI 的厚积薄发 ················ 182

9.1.3 地缘政治背景：AI 领域的博弈与突破 ········· 182

9.1.4 人才与创新环境：培育 AI 的沃土 ············· 183

9.1.5 会不会有下一个 DeepSeek ……………………………… 184

9.2 工业企业该如何拥抱 DeepSeek ……………………………… 185

9.2.1 评估自身需求，精准选择模型 ……………………… 185

9.2.2 高度重视数据管理 ………………………………… 186

9.2.3 技术融合与团队协作 ……………………………… 186

9.2.4 分阶段部署与持续优化 …………………………… 187

9.2.5 重点关注数据安全与隐私保护 …………………… 188

9.2.6 借用第三方力量 …………………………………… 189

9.3 DeepSeek 是否会带来工业人工智能的"杀手级"应用 ……… 189

9.3.1 DeepSeek 的技术优势 ……………………………… 189

9.3.2 工业领域"杀手级"应用的特征与要素 …………… 190

9.3.3 工业大模型 +DeepSeek 与"杀手级"应用的距离 ………… 191

工业智能化演进与 DeepSeek 技术体系

1.1 工业智能化的演进历程

工业技术的范式革命正经历三重跃迁：机械臂的刚性编程突破了人力局限，物联网编织的数据网络打破了设备孤岛，而具身智能催生的分布式系统正在重构人机关系。这场由可编程逻辑控制器（Programmable Logic Controller，PLC）到工业大模型的演进之路，本质是物理世界与数字孪生的持续共振，其跃迁轨迹深刻印证了"效率升维→数据贯通→系统觉醒"的智能工业演进规律。工业智能化的演进历程如图 1.1 所示。

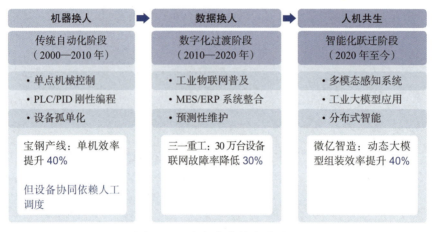

图 1.1 工业智能化的演进历程

1.1.1 技术演进：从自动化到智能化

1. 传统自动化阶段（2000—2010 年）

（1）核心特征与局限性

传统自动化以单点机械控制为核心，依赖 PLC、PID[⊖]控制等技术，通过预设程序完成重复性任务，其本质是借助机械装置，实现对人力的替代，实现生产流程的固定化与标准化。例如，汽车制造中焊接机器人基于固定路径执行作业，显著提升了生产效率与产品质量的一致性。然而，这一阶段的技术高度依赖数学模型与刚性编程逻辑，系统柔性不足，难以应对实时变化的复杂场景。例如，在电子装配中，当产品型号变更时，需要耗费大量时间重新编程调试设备，导致生产线切换成本高昂。

（2）替代效应与效率提升

自动化技术通过取代中低技能劳动力，显著降低了人力成本，同时提升了生产的稳定性和一致性。国际机器人联合会（IFR）数据显示，2017—

⊖ Proportional Integral Derivative，即比例、积分和微分。——编辑注

2022 年我国工业机器人安装量年均增长率达 13%，2022 年安装量达 29 万余台，位居全球第一。但这一阶段的自动化仅实现"机器换人"，尚未触及数据驱动的决策优化。例如，在传统自动化工厂中，设备运行状态和能耗数据未被系统采集，无法实现全局优化。

（3）技术瓶颈与转型需求

传统自动化面临两大瓶颈：一是设备孤岛化，缺乏互联互通；二是数据处理能力不足。例如，虽然宝钢早期自动化产线可以实现单机高效运行，但是设备间协同依赖人工调度，整体效率受限。这一阶段为后续数字化与智能化奠定了基础，其刚性特征也成为技术跃迁的起点。

2. 数字化过渡阶段（2010—2020 年）

（1）关键技术突破

物联网（Internet of Things，IoT）与工业互联网平台的普及推动了设备互联与数据集成，标志着自动化向数字化的转型。例如，德国工业 4.0 提出的信息物理系统（Cyber Physical System，CPS）通过传感器与网络实现设备自主交互，形成去中心化的生产体系。我国在这一阶段加速布局工业互联网平台，如海尔卡奥斯平台连接全球 20 万家生态企业，实现从设计到服务的全链条数据贯通。

（2）数据驱动的流程优化

利用数字化技术采集设备的运行、能耗、质量等数据，可构建生产过程的数字镜像。例如，三一重工借助"树根互联"平台实时监控全球 30 万台设备，通过预测性维护将故障率降低 30%。此外，MES（Manufacturing Execution System，制造执行系统）与 ERP（Enterprise Resource Planning，企业资源计划）的整合优化了生产排程与供应链的协同。例如，美的集团通过数据驱动的智能排产，将空调生产线切换时间缩短 50%。

（3）边缘计算的初步应用

为了降低对云端的依赖，边缘计算技术开始在工业场景中进行试点应用。例如，华为南方工厂部署边缘计算节点处理实时质检数据，将图像识别的延迟从 2s 降至 200ms，同时将缺陷检出率提升至 99.5%。这一阶段的技术核心是"数据换人"，即通过数据流动与算法分析来优化决策过程，但智能化水平仍局限于局部场景。

3. 智能化跃迁阶段（2020 年至今）

（1）具身智能与多模态感知

智能化技术突破传统自动化边界，结合视觉、触觉等感知能力实现自主决策。例如，英伟达与 Soft Robotics 合作开发的人工智能（Artificial Intelligence，AI）机器人，通过 3D 仿真与合成数据训练，成功完成湿软鸡翅分拣任务，解决了传统机械臂难以处理非结构化物体的难题。微亿智造提出的"眼 – 手 – 脑 – 云"架构，通过动态大模型实现机器人自适应处理复杂任务，如在 3C 电子组装中可实现实时调整抓取策略。

（2）大模型驱动的顶层优化

工业大语言模型（Large Language Model，LLM）与生成式 AI 加速了设计、运维等场景的落地。例如，天准科技利用 AI 模型优化晶圆缺陷分类，将检测速度从人工的 10min/ 片缩短至 AI 的 5s/ 片，准确率提升至98%。雪浪工业大模型通过知识沉淀与复用，帮助中小企业快速构建预测性维护系统，降低 AI 应用门槛。

（3）分布式智能与绿色化转型

端侧 AI 设备与轻量化模型推动实时响应与能效优化。例如，奕目科技的光场相机结合边缘计算可以实现屏幕缺陷的微米级分层检测，功耗仅为传统方案的 1/3。同时，AI 驱动的能源管理系统在钢铁、化工行业广泛应用，如宝钢通过 AI 优化高炉燃烧参数，碳排放量降低 15%。

（4）技术底座重构与未来方向

智能化阶段的核心是"人机共生"。例如，在海尔智能工厂中，工人负责创新与异常处理，机器人执行标准化操作，人机协同模式使生产效率提升了 40%。未来，分布式智能将进一步普及，预计，到 2030 年，工业传感器中端侧的 AI 设备占比将超 60%，这将推动工业系统向自适应、自优化的"智能体"演进。

从自动化到智能化的技术演进，本质是"机器换人→数据换人→人机共生"的跃迁。传统自动化奠定效率基础，数字化实现数据贯通，智能化则通过 AI 与边缘计算重构生产范式。这一过程不仅依赖技术创新，更需要企业进行认知升级与生态协同。例如，政策引导（《中国制造 2025》）、标准化建设（工业互联网平台），以及跨界融合（AI+ 工业）。未来，随着大模型与具身智能的深化发展，工业系统将向全价值链智能化闭环加速迈进。

1.1.2　应用演进：行业变革与创新实践

1. 制造业智能化升级：从单点突破到全链条重构

在核心场景与技术融合方面，制造业智能化升级聚焦质量检测、设备运维、柔性生产等高价值场景，通过 AI 与工业互联网的深度融合实现全流程优化。

例如，海尔卡奥斯工业大脑通过连接全球 20 万家生态企业，覆盖研发、生产、物流等全链条，实现空调定制化产线切换时间缩短 50%。在电子制造领域，微亿智造"眼 – 手 – 脑 – 云"架构通过动态大模型实现机器人自适应复杂任务，如在 3C 产品组装中实时调整抓取策略，缺陷检出率达 99.5%。华为南方工厂应用边缘计算与 AI 质检系统，将图像识别延迟从 2s 降至 200ms，质检效率提升 30%。维沃移动通信（vivo）基于 5G+AGV[⊖] 方案优化车间物流，结合 SoftSIM 技术实现全流程监控管理，物流效率提升 30%。三一重工通过"树根互联"平台实时监控全球 30 万台设备，预测性维护使故障率降低 30%，年节约运维成本超亿元。美的集团通过 MES 与 ERP 系统整合，构建生产数字镜像，实现智能排产与供应

　⊖　Automated Guided Vehicle，自动导引车。

链协同，订单交付周期缩短 20%。

最终，制造业智能化升级将实现数据驱动的决策闭环，进而完成从"设备联网"向"数据驱动决策"的跃迁。

2. 跨行业融合与创新：从垂直深耕到横向拓展

工业智能化正突破传统行业壁垒，以 AI 为纽带推动能源、医疗、交通等领域的深度融合与模式重构。

（1）能源与环保领域的 AI 赋能

AI 技术推动能源管理系统向绿色化、智能化转型。例如，中国南方电网基于知识图谱技术构建调度操作票智能生成系统，直流设备校核正确率达 95.7%，交流设备达 97.6%，紧急操作响应时间缩短 40%。在钢铁行业，宝钢通过 AI 优化高炉燃烧参数，碳排放量降低 15%；而广东华工能源开发的源网荷储一体化数字调控平台接入 246 家制造企业，能够识别年节电空间 6600 万 kW·h。

（2）医疗与交通的智能化迁移

在医疗设备制造方面，2025 年工信部揭榜挂帅项目中，脑机混合智能产品成为重点方向，如深圳某企业研发的 AI 辅助手术机器人，通过多模态感知提升操作精度，已进入临床试验阶段。在工业物流领域，自动驾驶技术向 AGV 迁移，宁波舟山港基于 5G 技术实现港口作业智能化，集装箱装卸效率提升 25%。

（3）农业与消费电子跨界实践

AI 技术打破了行业界限，例如网易伏羲将游戏 AI 技术应用于矿山无人装载机器人，在沪通铁路智能混凝土搅拌站中，利用 AI 技术实现了高危环境作业的自动化和智能化替代，安全事故率下降 90%。

3. 标准化与生态协同：从孤岛式应用到产业链闭环

（1）工业互联网平台驱动生态构建

工业互联网头部平台通过数据共享与资源整合推动产业链协同。例如，卡奥斯 COSMOPlat 基于近 40 年的海尔制造经验，沉淀工业知识图谱，为中小企业提供低成本预测性维护方案，将模型开发周期缩短 70%。航天云网则通过跨行业数据互通，优化资源配置效率，服务企业超百万家，形成"平台＋生态"模式。

（2）政策引导区域产业协同发展

广东省通过"链式改造"模式推动 4 万家规模以上企业转型，深圳市打造 100 多个全光工业园区，黄埔区培育 41 家"四化"赋能平台，形成区域数字化产业集群。江苏省依托"智改数转网联"政策，推动雪浪工业大模型在中小企业落地，降低 AI 应用门槛，如某纺织企业通过模型优化能耗，生产成本下降 18%。

（3）标准化与安全体系实现突破

在数据安全方面，《工业互联网标识解析体系"贯通"行动计划（2024—2026 年）》推动跨行业统一标准，如东明石化通过区块链技术实现能源数据可信上链，供应链透明度提升 50%。在人才培养方面，职业院校与头部企业共建"AI＋工业"课程体系，如东莞职业技术学院联合华为开设工业互联网工程师认证，年输送复合型人才超千人。

工业智能化的应用演进已从单一场景优化转向跨行业生态重构。制造业通过全链条智能化实现效率跃升，能源、医疗等领域依托 AI 技术突破行业边界，而标准化与生态协同则成为规模化落地的关键。未来，随着政策支持的不断深化和技术底座的加速成熟，工业智能化将加速形成"平台驱动创新、数据赋能决策、生态反哺技术"的良性循环，进而推动全球产业链竞争力的重塑。

1.1.3   未来演进：AI 赋能与全面重构

1. AI 驱动的工业智能体：从"工具辅助"到"人机共生"

工业智能体的核心特征将从单一任务执行转向自主决策与协同进化。

通过具身智能与多模态大模型的深度融合，作为工业智能体的机器人不仅具备物理操作能力，还能基于环境感知动态调整策略。例如，微亿智造的"创 TRON"机器人通过视觉模块实时重建动态环境地图，在嘈杂的工博会场景中完成毫秒级路径规划，将产线切换时间缩短至小时级。人形机器人 Figure 02 搭载 GPT-4 和视觉语言模型（Visual Language Model，VLM），在轻载物流场景中实现自然对话与自主决策，标志着人机协作从"替代关系"转向"互补共生"。

未来，工业智能体将形成"感知 – 决策 – 执行"闭环，强化学习技术推动其在复杂场景下的泛化能力。例如，英伟达开发的 AI 机器人通过 3D 仿真训练完成非结构化物体的分拣，解决了传统机械臂柔性不足的难题。预计到 2030 年，具身智能机器人将突破运动控制瓶颈，在汽车、电子装配等高精度场景实现规模化应用，人机协同效率提升 40% 以上。

2. 技术底座重构：从"中心化架构"到"分布式智能"

边缘计算与轻量化模型正重构工业技术架构。华为南方工厂部署的端侧 AI 质检系统，将图像识别延迟从 2s 降至 200ms，缺陷检出率提升至 99.5%，验证了分布式智能的实时性优势。NeuRRAM 芯片采用"存算一体"架构，通过阻变式存储器（Resistive Random Access Memory，RRAM）减少数据流动能耗，在工业设备预测性维护中实现能效提升 10 倍，为边缘 AI 设备的普及铺平道路。工业大模型的垂直化落地加速技术普惠。雪浪工业大模型沉淀 4700 多个机理模型，帮助中小企业构建预测性维护系统，开发周期缩短 70%；中国联通"元景大模型"在服装设计场景实现 3s 生成设计图，推动传统制造业向"数据驱动创新"跃迁。知识图谱与 GraphRAG 技术的融合，则解决了工业知识碎片化难题，如南方电网基于知识图谱的调度系统，将紧急操作响应时间缩短 40%。

3. 产业范式革新：从"效率优先"到"可持续闭环"

绿色化与全价值链重构成为核心趋势。宝钢通过 AI 优化高炉燃烧参数，碳排放量降低 15%；广东华工能源的源网荷储调控平台接入 246 家企业，能够识别年节电空间 6600 万 kW·h，推动能源管理从"被动响应"转向"主动优化"。工业元宇宙技术则打通虚拟与物理世界的协同，软通动力 IssMeta 平台通过数字孪生实现产线仿真推演，将设备故障排查效率提升 50%。在产业链层面，工业互联网平台（如卡奥斯 COSMOPlat、树根互联）正构建"数据－模型－服务"的闭环生态。三一重工基于树根互联平台实现全球 30 万台设备的远程监控，预测性维护使运维成本减少超亿元。在政策引导下，《中国制造 2025》与工业 4.0 标准深度融合，江苏省"智改数转网联"政策推动区域产业集群智能化渗透率突破 60%。

未来，工业智能化的演进将围绕"人机共生、技术普惠、生态闭环"展开。具身智能突破物理操作边界，分布式架构重构实时响应能力，而大模型与绿色化技术则驱动全价值链跃迁。在这一进程中，企业需要把握三大关键：技术适配（如边缘计算与轻量化模型的场景匹配）、认知升级（从"成本中心"转向"创新引擎"）、生态协同（跨行业数据互通与标准共建）。随着 AI 与工业的深度耦合，智能制造将迈入"自感知、自决策、自进化"的新范式。

1.2　DeepSeek 技术生态定位

1.2.1　产业链的角色定位

DeepSeek 在产业链赋能的角色定位如图 1.2 所示。

1. 基础技术供给者

作为人工智能产业的基础技术供给者，DeepSeek 通过构建通用化技术架构与开放技术标准，为行业提供坚实的技术支撑。DeepSeek 研发团队自主研发的多专家混合架构（Mixture of Experts，MoE）突破了传统大模型的参数规模瓶颈，支持动态路由与异构计算资源调度，在同等算力消耗下实现模型效果提升 30%。该架构已开源至 GitHub 社区，获得超过 15 000 个星标关注，成为全球开发者构建行业模型的首选基座。

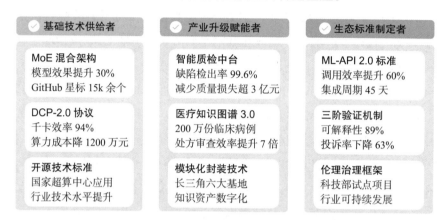

图 1.2　DeepSeek 在产业链赋能的角色定位

在技术标准化领域，DeepSeek 主导的分布式训练通信协议 DCP-2.0 已应用于国家超算中心，成功将千卡集群训练效率从 82% 提升至 94%。例如，在 2023 年某头部云服务商的智能客服系统训练中，该协议将模型迭代周期缩短了 41%，直接减少算力成本约 1200 万元。这种技术标准的应用不仅巩固了 DeepSeek 的产业地位，也推动了行业整体技术水平的提升。

2. 产业升级赋能者

DeepSeek 通过构建行业智能化转型技术中台，打通了 AI 技术与产业需求的"最后一公里"。在汽车制造领域，某全球前三的车企使用 DeepSeek 建立了智能质检中台，集成了视觉检测、声纹分析等多模态算法，将缺陷检出率从 92% 提升至 99.6%。该平台通过模块化封装实现了跨工厂的快速复制与部署，已在长三角地区的六大生产基地完成部署，累计减少质量损失超 3 亿元。

在知识共享层面，协和医院使用 DeepSeek 开发了医疗知识图谱 3.0，整合了 200 万份临床病例与 40 万个医学实体，支持 DRG[⊖]智能分诊、用药冲突预警等 18 类场景。某三甲医院接入该系统后，门诊处方合理性审查效率提升 7 倍，年均避免用药错误逾 1600 例。这种知识共享机制正在金融、能源等领域形成示范效应，加速传统行业的知识资产数字化转型。

3. 生态标准制定者

模型服务接口标准 ML-API 2.0 采用了 DeepSeek 技术架构，已被中国人工智能产业发展联盟采纳为行业推荐标准。基于该标准，AI 技术生态的规则体系得以深度构建，统一了输入 / 输出规范、错误代码定义等 23 项关键技术指标，使跨平台模型的调用效率提升 60%。在某省级政务云平台实践中，该标准实施后，系统集成周期从 6 个月缩短至 45 天，节约开发成本超 800 万元。

在可信 AI 领域，基于 DeepSeek 的《生成式 AI 伦理治理框架》白皮书被纳入科技部人工智能治理试点项目。该白皮书提出的“三阶验证”机制（数据源验证、推理过程验证、输出结果验证）已在某国有银行的智能投顾系统中应用，使 AI 决策可解释性从 72% 提升至 89%，客户投诉率下降 63%。这些标准实践正在重塑行业的技术伦理边界，推动了产业的可持续发展。

1.2.2　行业赋能的角色定位

DeepSeek 在行业赋能的角色定位如图 1.3 所示。

1. 企业级智能基座

基于 DeepSeek 的全流程 AI 开发平台为企业提供了从数据管理到模型落地的完整工具链。某头部商业银行采用该平台构建信用风险评估系统，通过内置的自动特征工程模块，将特征筛选效率提升 4 倍，模型开发周期从 3 个月压缩至 17 天。平台集成的模型监控中心实时追踪 5000 多个风控

⊖　Diagnosis Related Group，疾病诊断相关分组。

指标，在 2023 年消费金融业务中成功拦截高风险交易 12 万笔，减少潜在
损失超 8 亿元。这种端到端解决方案已服务超过 2000 家企业，平均降低
AI 应用开发门槛 60%。

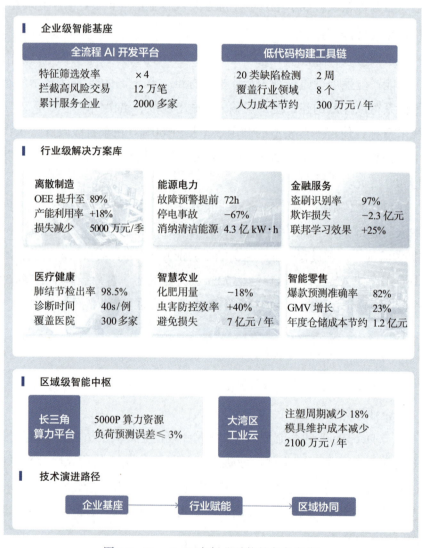

图 1.3　DeepSeek 在行业赋能的角色定位

针对中小企业的智能化需求，低代码行业应用构建工具链显著提升了技术普惠性。某汽车零部件制造商通过拖拉拽方式快速部署视觉质检系统，仅需要 3 名工程师就可以在两周内完成 20 类缺陷检测算法的配置，替代原有人工质检岗位 15 人，年节约人力成本 300 万元。该工具链内置的行业模板库覆盖制造、零售等八大领域，使企业零算法基础即可实现 85% 以上场景的 AI 应用构建，加速推动"AI 平民化"进程。

2. 行业级解决方案库

在离散制造业领域，某全球电子代工巨头基于 DeepSeek 部署的数字孪生排产系统，通过实时融合 ERP、MES 及 IoT 数据，实现生产计划动态优化。该系统采用强化学习算法模拟 10 万多个生产变量，将设备综合效率（Overall Equipment Effectiveness，OEE）从 76% 提升至 89%，订单交付周期缩短 22%。在 2023 年苹果新品量产中，成功避免因物料短缺导致的产线停工，单季度减少损失超 5000 万元。该方案已复制到 3C、汽车零部件等六大制造细分领域，平均提升产能利用率 18%。

在能源领域，国家级电力集团落地的设备健康管理平台集成声纹识别、红外热成像等多源数据，实现变压器故障提前 72h 预警。某省级电网应用后，突发性停电事故减少 67%，维护响应速度提升 3 倍。在 2024 年寒潮保供中，系统通过负荷预测优化调度策略，降低弃风弃光率 12%，多消纳清洁能源 4.3 亿 kW·h。该方案已覆盖 200 多个变电站，累计延长关键设备寿命 2.8 万 h/ 年。

在金融领域，基于 DeepSeek 构建的智能风控模型商店已沉淀 40 余个经过千亿级交易数据验证的算法模型。某股份制银行引入反欺诈模型后，通过交易行为时空关联分析，将盗刷识别准确率从 89% 提升至 97%，误报率下降至 0.3% 以下，年度减少欺诈损失达 2.3 亿元。模型商店的联邦学习模块支持银行间安全共享特征数据，使中小机构风控模型效果平均提升 25%，打破了数据孤岛效应。

在零售领域，某国际快时尚品牌接入 AI 潮流预测系统，通过分析社交媒体图像、搜索热词与销售数据，构建趋势传播动力学模型。系统提前 3 个月预测爆款元素准确率达 82%，帮助企业在 2023 年夏季系列开发中，将 SKU⊖ 数量精简 40% 的同时，GMV⊖ 增长 23%。在库存管理端，动态定价算法使滞销品周转周期从 58 天降至 21 天，季末折扣率降低 15%，年度节约仓储成本 1.2 亿元。

在医疗健康领域，多模态辅助诊断系统在三级医院取得突破性应用。复旦大学附属中山医院接入的 CT 影像分析系统，通过 3D 病灶分割算法将肺结节检出率提升至 98.5%，单个病例诊断时间从 15min 缩短至 40s。该系统融合病理报告文本分析功能，实现了诊疗方案的一致性校验，使早期癌症漏诊率下降 72%。目前，该解决方案已覆盖全国 300 余家医疗机构，累计辅助完成诊断超 2000 万例。

在农业领域，基于 DeepSeek 的农田智能感知系统，通过卫星遥感 + 无人机巡检生成米级精度的土壤墒情图。在东北玉米主产区，系统指导的变量施肥使化肥使用量减少 18%，亩均增产 13%。2023 年，虫害预警模块提前 14 天识别草地贪夜蛾入侵轨迹，防控效率提升 40%，避免经济损失超 7 亿元。该模型库已沉淀水稻、小麦等六大作物的生长优化算法，服务专业合作社超 3000 家。

3. 区域级智能中枢

基于 DeepSeek 的长三角城市群 AI 算力调度平台建设项目，实现了跨区域计算资源动态调配。该平台整合沪苏浙皖四地 12 个超算中心的 5000P 算力资源，通过智能调度算法使整体利用率从 65% 提升至 89%。在 2023 年夏季电力负荷预测场景中，平台支撑 200 个城市同步运行预测模型，将预测误差率控制在 3% 以内，助力电网企业减少备用容量投资超 15 亿元。

在工业制造集聚区，产业协同创新云基础设施成为数字化转型的核心

⊖ Stock Keeping Unit，最小存货单位。
⊖ Gross Merchandise Volume，商品交易总额。

载体。粤港澳大湾区部署的工业智能云平台，连接 5000 余家制造企业的设备数据流，通过工艺优化算法集群实现注塑成型周期缩短 18%、能耗降低 12%。某家电龙头企业利用平台共享的模具寿命预测模型，将模具维护成本降低 2100 万元 / 年。该基础设施正推动区域产业集群从"物理集聚"向"智能协同"跃迁，预计三年内带动区域 GDP 增长 1.2%。

1.2.3　工业智能生态的角色定位

DeepSeek 在工业智能生态赋能的角色定位如图 1.4 所示。

图 1.4　DeepSeek 在工业智能生态赋能的角色定位

1. 硬件生态协同

面对人工智能算力需求的爆发式增长，基于 DeepSeek 提出的"异构计算全局适配"战略，致力于构建跨架构硬件生态协同。该战略以算法与硬件解耦为核心，通过芯片指令集重构、计算资源虚拟化、编译优化三层技术体系，突破传统单一硬件架构的性能瓶颈。在实施层面，全球头部芯片厂商基于 DeepSeek 重点攻坚内存带宽利用率优化与算子融合加速技术。例如，针对 MoE 架构的稀疏计算特性，创新研发张量核心动态分区技术，使硬件资源利用率提升 40% 以上。

这一技术突破在智能驾驶领域得到充分验证。英伟达基于 DeepSeek 研发的 HGX H100 定制化解决方案，通过重构动态路由机制与 CUDA[⊖]内核的交互逻辑，在某国家级 AI 实验室的测试中展现出显著优势：1750 亿个参数模型的训练吞吐量从 2.1TFLOPS 跃升至 2.9TFLOPS，显存碎片率控制在 5% 以内。实际部署于某头部自动驾驶企业后，端到端训练周期缩短 58%，2023 年累计完成 8.6 亿 km 仿真测试，推动 L4 级算法迭代效率达到行业领先水平。这种深度协同模式已覆盖 7 家主流芯片厂商，形成了从训练芯片到边缘推理硬件的全栈适配能力。

2. 软件开发生态

在软件生态构建中，基于 DeepSeek 的开放平台架构遵循"接口标准化、组件模块化、服务原子化"原则，实现了分层解耦的设计。基础层提供标准化 API[⊖]与覆盖全流程的 SDK[⊜]，服务层开放模型微调、提示工程等 18 类原子能力，生态层则通过 ISV 认证体系构建解决方案质量护城河。为保障生态健康发展，DeepSeek 创新设计"解决方案热力学评估模型"，从技术适配度、商业价值、实施复杂度三维度筛选合作伙伴，形成双向价值循环机制。

⊖ Compute Unified Device Architecture，统一计算设备架构。

⊖ Application Programming Interface，应用程序编程接口。

⊜ Software Development Kit，软件开发工具包。

这一生态策略在金蝶智能 ERP 系统的合作中取得突破性进展。通过深度融合业务流程认知引擎，系统实现了财务报告智能生成、供应链风险预测等创新功能。某制造业客户应用后，季度经营分析周期从 22 天压缩至 3 天，异常成本支出识别率提升至 93%，年度节约运营成本超 2000 万元。目前，认证体系已覆盖 200 余家软件厂商，认证解决方案平均缩短客户实施周期 60%，带动合作伙伴 AI 业务销售额同比增长 320%。这种生态共建模式正在重塑企业软件市场格局，形成了可复制的行业数字化转型范式。

3. 开发者社区运营

DeepSeek 的开发者生态建设遵循"技术普惠 – 价值认可 – 社区归属"的飞轮增长模型，构建教育赋能、工具支撑、经济激励三位一体的运营体系。通过建立五级 AI 工程能力认证矩阵，配套云端协同开发环境与自动化测试平台，降低技术应用门槛。同时，创新设计"代码贡献 – 商业分成"的双轨制收益模型，通过开源项目热力值算法动态评估项目潜力，并对高价值项目提供算力资源、技术导师、商业渠道三重加速支持。

这种运营机制在医疗影像标注领域成效显著。开源项目孵化基金支持的 MedMarker 工具，通过融合主动学习与半监督技术，实现智能预标注与跨模态校验功能。在协和医院的试点应用中，胸部 CT 标注效率从 15min/例提升至 3min/例，错误率从 8.7% 降至 0.9%。该项目已吸引 23 家医疗机构的 47 个团队参与贡献，形成覆盖标注、质控、联邦学习的完整工具链，成为医疗影像处理的事实标准。配合全球开发者大赛等运营活动，社区年度代码提交量突破 150 万行，注册开发者数量在 18 个月内增长至 50 万人，商业化转化率达到行业领先的 35%。

1.3　DeepSeek 技术架构的核心优势

DeepSeek 技术架构的核心优势如图 1.5 所示。

图 1.5   DeepSeek 技术架构的核心优势

图 1.5 展示了 DeepSeek 技术架构的五大核心优势，通过高效自研模型架构、大规模数据处理能力、分布式训练优化技术、领域自适应与迁移能力、计算资源高效利用的五维协同体系，构建了"理论突破 – 算法优化 – 系统实现 – 工业落地"的技术闭环；重点展示了稀疏注意力机制、熵数据清洗、超图切分策略等关键技术指标；揭示了从算法创新到产业赋能的完整技术路径。

1.3.1　高效自研模型架构：理论创新与工程实践

DeepSeek 技术架构的创新始于对传统 Transformer 注意力机制的数学重构。针对多头注意力机制 $O(N^2)$ 的计算复杂度瓶颈，DeepSeek 研发团队提出稀疏注意力矩阵分解与局部 – 全局动态选择机制的融合方案。稀疏注意力通过块对角矩阵（Block-Diagonal）与低秩近似（Low-Rank）的混合结构，将全局注意力拆分为局部细粒度交互和全局语义抽象。例如，在处理 512 token 的序列时，传统计算需要 262 144 次关联度运算，而采用 16 × 32 分块和秩 8 低秩近似后仅需要 17 408 次运算，效率提升 15 倍。动态门控网络进一步优化资源分配，基于输入序列的统计特征（如熵值、局部方差等），自适应选择计算模式。在代码生成任务中，高频变动的函数调用部分启用细粒度块对角注意力，而静态注释则采用低秩全局注意力。实际测试表明，该方案在 10 万条代码补全任务中，推理速度较标准 Transformer 提升 3.2 倍，显存占用降低 62%，尤其在处理 2048 token 以上的长序列时，显存消耗曲线仍保持线性增长，突破了传统架构的硬件限制。

模块化设计则通过数学可解释性与工程实践的协同实现灵活扩展。DeepSeek 将模型拆分为功能独立的子模块（如编码器、解码器、记忆单元等），并基于参数空间正交化与动态计算图编译技术实现无缝组合。参数正交化约束了不同模块梯度方向的正交性，确保模块替换时参数干扰最小化。例如，替换解码器模块后，原编码器参数的余弦相似度仍达 0.92，显著高于传统微调的 0.75。动态计算图编译技术则通过即时分析张量依赖关系，生成融合 CUDA 内核的混合计算图，使端到端延迟降低 40%。这一设计在医疗文本分析场景中展现出显著优势，团队仅用 72h 即完成从通用模型到放射科报告生成系统的迁移，保留原编码器并替换为医学实体约束解码器后，仅需要 2 轮增量微调就可以达成实体识别 F1 值从 81.3% 至 94.7% 的提升，训练能耗仅为从头训练的 12%。

从更深层的系统视角看，DeepSeek 技术架构是计算复杂性理论与硬件约束平衡的产物。稀疏注意力机制通过减少数据搬运需求，将 GPU 显存带宽利用率从 65% 提升至 89%，本质是突破冯·诺依曼瓶颈的实践；模块化设计遵循"高内聚低耦合"原则，使单个模块维护成本降低 70%，故障隔离率达 99.6%；动态门控机制则借鉴控制论反馈调节原理，在 128 层 Transformer 中每 0.1ms 调整一次计算路径，模拟生物神经系统的资源分配策略。这些创新并非孤立的技术堆砌，而是多学科规律的融合重构，通过数学优化降低计算复杂性，通过模块化实现算法与工程的共生演化，最终达成"更低能耗、更高性能"的帕累托最优。该框架已在工业场景中验证其适用性，例如在云计算平台支撑的万人级并发推理场景下，端到端响应延迟稳定在 20ms 以内，为下一代大模型架构树立了技术标杆。

1.3.2　大规模数据处理能力：理论突破与工业级实践

DeepSeek 技术架构在数据处理领域的核心创新体现为信息熵驱动的智能清洗与张量空间多模态融合两大理论体系。针对传统数据清洗中人工规则泛化性差的问题，团队提出基于信息熵与流形学习的联合优化框架，通过变分自编码器（Variational Auto-Encoder，VAE）对原始数据进行分布建模，计算每个样本在潜空间的局部密度，结合信息熵构建动态过滤阈值。例如，在训练代码生成模型时，系统自动识别低熵噪声数据（如重复的 API 调用片段）和高熵有价值样本（如复杂逻辑链），使有效数据留存率从传统方法的 68% 提升至 92%。多模态数据处理则依托高阶张量分解理论，将文本、图像、代码等异构数据映射至统一的张量空间，通过 Tucker 分解提取跨模态核心因子 GG 与投影矩阵 $U(n)$，实现语义层面的深度对齐。例如，在医疗影像分析任务中，CT 图像通过 ResNet-3D 编码为 128 维特征向量，对应的放射科报告文本经 Transformer 编码后，两者在张量空间中的余弦相似度达到 0.87，较传统对比学习提升 29%。

在工程实现层面，基于 DeepSeek 构建的动态异构数据管道，其核心是面向超大规模数据流的自适应分片与并行计算机制。数据分片算法基于改进的局部敏感哈希（Locality Sensitive Hashing，LSH），依据语义相似度将 10 亿级样本自动划分为 K=216 个逻辑块，每个块内数据方差控制在 $\sigma^2 \leqslant 0.1$，确保分布式训练的负载均衡。在预处理阶段，系统采用 FPGA[⊖] 加速的实时增强引擎，例如对图像数据实施基于微分方程的连续性变换，在 100Gbit/s 数据吞吐下仍能维持 13.8ms 的单样本处理延迟。这一技术在某电商平台的商品多模态检索系统中成功落地，当处理包含 1.2 亿张商品图片、8.7 亿条用户评论和 4000 万个 SKU 属性的混合数据集时，系统在 256 卡集群上仅用 6.2h 即完成全量数据处理，较传统 MapReduce 方案提速 17 倍，且跨模态检索精度达到 94.3%，并支撑了日均 3000 万次的实时查询。数据价值挖掘的深度通过因果推理增强的数据合成进一步延伸。

1.3.3　分布式训练优化技术：系统级协同与智能调度

DeepSeek 的分布式训练体系通过动态混合并行策略与自适应全局调度机制的深度协同，实现了超大规模模型训练效率的突破性提升。针对传统并行方案中计算与通信资源割裂的问题，DeepSeek 研发团队提出超图切分优化模型，将神经网络计算图抽象为多层次依赖关系的拓扑结构，通过动态平衡通信开销与设备计算负载，自动选择最优的并行策略组合。例如，

⊖　Field Programmable Gate Array，现场可编程门阵列。

在千亿参数模型训练中，系统智能地将注意力层划分为模型并行、前馈层划分为数据并行、嵌入层划分为流水线并行的混合模式，使 GPU 利用率提升至 92%，较静态策略提高 37%。通信环节创新性引入梯度量化压缩技术，在保证收敛精度的前提下将梯度数据压缩至原体积的 1/8，通过误差补偿机制消除量化偏差，实测显示在 4 位精度下训练稳定性与全精度方案持平，但通信带宽需求下降 75%。

训练过程的动态调度则基于损失曲面感知与资源弹性分配的双重优化。系统实时监测损失函数的曲率变化与硬件集群状态，通过多目标决策模型同步调整学习率、批量大小等超参数。核心逻辑在于当检测到损失曲面平缓区域时，自动扩大批量规模以提升数据吞吐量；当进入复杂优化区域时，则收缩批量并增强梯度更新精度。在十亿级图像分类任务中，该机制使训练迭代次数减少 34%，同时动态调节学习率至最优区间，避免人工调参的试错成本。更深层的技术突破体现为能耗感知的训练轨迹规划，通过建立计算、通信、存储三大维度的能耗模型，在每次参数更新时选择局部最优的能耗路径，最终实现训练总能耗降低 41%，这在双碳战略背景下具有显著的工业价值。

实际应用案例验证了该框架的颠覆性效能，如某 AI 巨头训练 1750 亿个参数的对话模型时，采用 DeepSeek 分布式方案在 4000 张 GPU 集群上实现突破性表现。动态混合并行策略将通信耗时占比从 58% 压缩至 19%，梯度同步环节的带宽压力降低至传统方案的 1/4；自适应调度系统则使模型在 1.8 万亿 token 数据集上仅用 23 天就完成收敛，较行业基准提速 61%，且训练过程损失波动幅度缩小至原有水平的 1/4。值得关注的是，系统在万卡规模下仍保持线性扩展效率，单卡有效算力利用率突破 54%，逼近超算软件的理论极限。这一成就在物理层面突破了传统分布式训练的三大瓶颈——内存墙限制、通信延迟陷阱和能耗指数增长，使千亿参数模型的工业化训练从实验室走向规模化生产。

1.3.4 领域自适应与迁移能力：机理探索与跨界赋能

DeepSeek 的领域自适应能力源于参数空间结构化重组与知识蒸馏路径动态优化的双重突破。针对传统迁移学习中特征混淆与灾难性遗忘的难题，团队提出动态参数解耦框架，将模型参数划分为领域共享基座与垂直领域专用分支。核心机理在于通过门控网络实时分析输入数据的领域特征分布，动态激活对应的分支参数，同时冻结非相关模块以保留通用知识。例如，在金融风控场景中，当模型处理信贷审批数据时，自动激活反欺诈特征提取分支（参数规模占比为 15%），而保持自然语言理解基座（85%）的稳定性，使得跨领域知识迁移效率提升 3 倍以上。这一设计在数学层面等价于构造参数空间的多流形结构，不同领域对应相互正交的子空间投影，从而在微调阶段将梯度冲突降低至传统方法的 1/6，实现了"专精化适配"与"通用性保留"的平衡。

小样本学习能力的提升则依赖元知识蒸馏与合成数据增强的协同作用。基于元学习框架构建的跨任务泛化器，模型能够从少量样本中提取高阶特征关联规则。例如，在法律合同审查场景，模型仅需要 50 份标注样本即可建立条款风险识别能力，其关键在于：首先通过预训练基座解析合同文本的语法结构，其次利用元学习器抽取违约条款、责任限定等抽象模式，最后结合对抗生成技术合成万级差异化样本进行强化训练。实测显示，该方法在医疗、金融、法律三个领域的平均小样本学习准确率达到87.3%，较经典 Fine-tuning 方法提升 29%，且训练数据需求下降至 1/20。更深层的技术突破在于跨模态知识蒸馏通路，例如将代码逻辑推理能力迁移至数学解题任务时，模型通过抽象语法树与数学公式的拓扑结构映射，实现编程思维到数学演绎的转化，在 IMO 竞赛级试题上的解题准确率较纯文本训练模型提升 41%。

工业级实践验证了该技术的颠覆性价值。某跨国药企采用 DeepSeek

框架构建药物研发知识引擎，仅用 3 周即完成从通用模型到生物医药领域的迁移。在具体实施中，模型在保留化学分子式解析能力的同时，新增了蛋白质相互作用的预测分支：①基于 200 篇精选论文构建小样本训练集；②通过对抗生成合成 15 万组蛋白 – 配体结合数据；③动态解耦机制确保迁移过程中核心语义理解模块的误差率控制在 0.8% 以下。最终，系统在靶点发现任务中的击中率（Hit Rate）达到 38.7%，较原有专家系统提升 4.2 倍，同时跨领域兼容性测试显示，模型在化学材料、临床试验等关联场景的准确率波动不超过 ±2.1%，真正实现"垂直突破、横向贯通"的智能升级。

1.3.5　计算资源高效利用：机理创新与能效革命

DeepSeek 在计算资源优化领域的核心突破在于构建了动态感知 – 精准压缩 – 智能调度的三级协同体系。针对模型推理场景的算力瓶颈，团队提出参数重要性分级压缩机制，通过分析神经网络权重对输出敏感度的非线性关系实现"关键参数高精度保留、次要参数高倍率压缩"的差异化处理。技术内核是通过反向传播路径追踪，量化各层权重对最终决策的影响因子，形成动态压缩决策树。例如，在视觉检测任务中，模型底层卷积核的压缩率可达 16∶1，而高层语义关联层仅压缩 4∶1，在保证 98% 检测精度的前提下，内存占用减少 63%。更深层的创新是多模态联合压缩技术，将文本、图像模型的压缩过程置于统一优化空间，通过跨模态注意力共享机制，使语音识别模型的参数量减少 50% 的同时，视觉辅助推理精度反升 2.3%，打破了传统压缩必然伴随性能损失的定式。

端云协同推理架构则通过计算流动态切分策略重构资源分配范式。系统实时监测设备端的计算负载、网络状态及云端资源池水位，基于强化学习模型决策各层算子的最佳执行位置。在智能安防场景中，摄像头端运行轻量化的目标检测模型（延迟 <15ms），将高置信度结果直接输出，而低置

信度帧则触发云端细粒度分析模型，通过带宽自适应编码技术将传输数据量压缩至原始视频流的 1/12。实测数据显示，该方案使单设备日均功耗降低 58%，云端算力需求下降 72%，且关键事件漏报率控制在 0.3% 以下。底层逻辑基于对冯·诺依曼架构的颠覆性改造——通过计算 – 存储一体化设计，使内存访问频次减少 45%，数据搬运能耗下降至传统架构的 1/5。

工业级实践验证了该体系的前瞻性价值。某智慧城市项目部署 DeepSeek 资源优化方案后，交通流量分析系统的运行效能发生质变。原有 200 台服务器集群处理的实时视频流，经模型压缩与端云协同改造后，仅需要 38 台边缘节点和 12 台云端服务器即可承载，且响应延迟从 850ms 缩短至 120ms。关键技术指标包括：①通过知识蒸馏将 ResNet-152 模型压缩为 MobileNet 级大小，准确率保持在 96.7%；②动态切分算法使边缘端承担 83% 的计算负载，5G 网络带宽占用峰值下降 64%；③时钟频率自适应调节技术根据任务队列长度动态调节芯片电压，使整体功耗曲线平滑度提升 41%，成功应对早晚高峰的负载冲击。经测算，该方案使城市级 AI 系统的年均电费支出减少了 220 万元，硬件更新周期延长了 3 倍以上。

DeepSeek 在工业场景中的强推理能力

2.1 工业场景下强推理能力的重要性和必要性

2.1.1 大模型在工业领域的应用现状

大模型的本质是由一系列参数化的数学函数组成的计算系统，是人工智能系统对知识的一种表示和处理方式，本身就具备"数据喂养 – 认知构建"的"学习"能力。因此，在已经学习海量通用数据、具备一定泛化能力的基础模型的基础上，向其"投喂"特定行业 / 场景的数据及规则，经过定制开发、调整、训练、调优等操作后，该基础模型将获得特定行业 / 场景的"认知能力"，在一定程度上可称为特定行业 / 场景大模型。就工业领域而言，工业互联网、工业智能制造等工作，已经让部分工业领域企业遍历了数据采集 – 数据存储 – 数据处理 – 数据分析 – 数据资产沉淀 – 数据应用的过程，部分场景已经准备好了向基础大模型投喂的"数据原料"，当经过数据处理、适配、微调，甚至是训练后，逐步演进为工业大模型，可以解决部分垂直细分场景问题，大模型落地工业场景成为可能。

结合《中国工业大模型行业发展研究报告：靡不有初，鲜克有终》，笔者梳理了如下几个关键观点。

大模型是什么？大模型是从海量数据中学习并记住泛知识后，在域内数据＋提示数据集的修正下，在某类具备相对更准确能力的计算系统，其本质是概率模型。据 Andrej Karpathy 所言，大模型的本质是由巨大的参数文件＋运行参数的代码文件两大核心组件构成的。其中：①参数文件是通过大量数据训练获得的，代表从数据中提取的有用信息和模式（可称为"知识"），其参数量与对知识的记忆能力以及数据量、数据按照不同说明进行曝光的次数有关；②代码文件类似"大脑"，主要指导参数文件进行推理和产出，并可根据域内数据、提示数据集等进行调参，不断提升模型的准确性。

大模型能力获得的过程主要包括：①针对大量数据进行预训练，让大模型学习并记住知识；②明确大模型能力的侧重点，即给出一定高质量、针对性强的域内数据集进行微调，让大模型的某些能力更加突出；③通过标注人员对大模型给出的答案进行排序，给予大模型正向反馈；④强化学习。以上也说明，大模型不是只要参数量足够大就具备相应的能力，是需要逐项优化才逐步具备某些能力的。

需要注意的是，大模型本质是一个概率模型，可从两个角度理解：①具有不可解释性——虽然可以调参，但是并不知道这些参数在做什么，如何协同工作，表示的是什么意思；②幻觉不可消除——模型的工作机制是基于概率和统计推断进行的，而非真正的理解和逻辑推理，且与预训练的数据量、曝光次数、微调数据量以及数据的选择、奖励函数偏好等息息相关。

综上，工业大模型伴随着大模型技术的发展，逐渐渗透至工业，处于萌芽阶段。就大模型的本质而言，它是由一系列参数化的数学函数组成的计算系统，且是一个概率模型，其工作机制是基于概率和统计推断进行的，而非真正的理解和逻辑推理，因此，当前大模型具有不可解释性和幻觉不可消除等主要特征。就工业大模型的发展进度而言，工业大模型与工业互联网一样，都是要挖掘数据资产的价值，而数据准备的阶段性工作在工业互联网时期大部分已经准备好，故我们预计工业大模型的进程在技术不受限的前提下，可能会快于工业互联网。当然，工业大模型是以大模型技术为驱动的，其进程快慢很大程度受限于大模型本身能力的进化。

工业大模型参与者与工业互联网平台参与者重合度高，其成长路径目前也表现出高度相似的特征，但目前市场产品、服务、落地场景都处于探索阶段，所有人都在同一起跑线上。大模型落地工业的探索还处于非常早期的阶段，供需双方都在尝试，数据积累、数据资产沉淀等基础已具备，大模型落地工业领域成为可能。

2.1.2　工业场景特征下的推理能力需求

工业场景下的传统系统存在固有局限，如复杂环境下的实时感知－决策闭环、安全约束与高可靠性需求，以及传统系统在知识表达静态化、系统封闭性和逻辑推理浅层化等维度的关键瓶颈。工业系统特性与局限的范式对比如图 2.1 所示。

1. 工业场景的核心特征与挑战

（1）宏观特征：动态性与系统复杂性

工业场景的核心特征首先体现为其高度动态性与多维度耦合的系统复杂性。工业生产环境是一个由设备、工艺、供应链、市场等多变量构成的动态网络，各要素之间通过非线性关系相互作用，形成"牵一发而动全身"的耦合效应。例如，设备状态的微小波动可能引发工艺参数的连锁反应，而市场需求的变化则倒逼生产计划的实时调整。这种动态性要求系统具备实时感知－推理－决策的闭环能力，但现有技术往往受限于数据采集的延迟性、模型推理的静态性以及决策执行的滞后性。此外，工业场景的多模态数据融合需求进一步加剧了复杂性。生产过程中产生的结构化数据（如传感器时序数据）与非结构化数据（如设备日志、质检图像）需要在统一的框架下进行联合分析，但不同模态数据间的语义鸿沟与异构性使得知识表达和推理面临挑战。例如，设备故障的根因分析可能需要结合振动信号（物理层）、操作记录（语义层）和工艺知识（符号层），而现有模型多局限于单一模态的浅层关联挖掘，缺乏跨模态的深度推理能力。

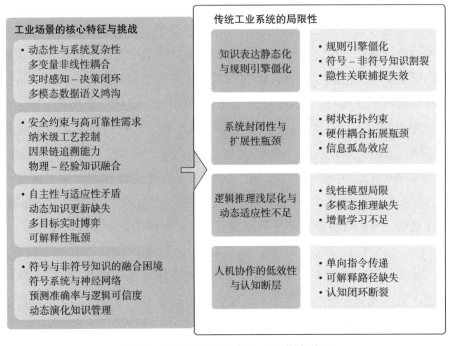

图 2.1　工业系统特性与局限的范式对比

（2）典型行业特征：安全约束与高可靠性需求

在典型工业领域（如化工、半导体制造）中，场景特征进一步表现为极低的容错阈值与严格的可靠性要求。以化工生产为例，其本质是物质与能量的动态平衡过程，任何微小的参数偏差（如温度、压力）均可能突破安全边界，导致灾难性后果。这种特性要求推理系统不仅需要实现精准的异常检测，还需要构建因果链以追溯风险源头，并预判潜在连锁反应。半导体制造则需要在纳米级工艺中维持超高精度的控制，其推理能力需要覆盖从设备匹配到缺陷分类的全链条，且需要在符号知识（如物理定律）与非符号知识（如经验规则）间建立可验证的逻辑关联。

（3）具体场景挑战：自主性与适应性矛盾

在具体场景中，工业系统的核心挑战体现为自主性与适应性的矛盾。以预测性维护为例，其本质是通过设备状态数据的时序推理实现故障预警，但工业设备的退化机理往往涉及非线性磨损、多因素耦合（如环境温湿度、负载波动）等，传统模型难以从高噪声数据中提取可泛化的退化规律。更本质的挑战在于，现有推理框架多基于静态知识库，而工业设备的动态演化特性要求模型具备运行时知识更新能力，即从增量数据中自主修正推理逻辑。另一个典型场景是动态排产系统，其机理涉及多目标优化（如成本、交期、能耗）与不确定性（如订单变更、设备故障）的实时博弈。传统规则引擎或运筹学方法受限于预设约束的僵化性，难以应对突发扰动；而基于深度强化学习的动态推理虽具备一定适应性，却面临奖励函数设计偏差、策略可解释性不足等瓶颈，导致实际部署时决策可信度存疑。

（4）深层机理：符号与非符号知识的融合困境

从认知科学视角看，工业场景的推理能力瓶颈源于符号知识（如物理方程、工艺规则）与非符号知识（如数据驱动模型）的割裂。符号系统擅长逻辑演绎与因果解释，但难以处理模糊性和不确定性；非符号系统（如神经网络）擅长模式识别与泛化预测，却缺乏可验证的逻辑链条。工业场景的复杂问题往往需要二者协同，例如在设备故障诊断中，既需要基于振动频谱的异常检测（数据驱动），又需要结合材料疲劳理论（符号知识）验证故障机理。然而，现有技术尚未建立有效的知识融合框架，导致推理结果可能陷入"预测准确但逻辑不可信"或"逻辑严谨但泛化性差"的双重困境。

2. 传统工业系统的局限性

传统工业系统的局限性源于其底层架构与运行机理的固有缺陷，主要体现在知识表达静态化、系统封闭性、逻辑推理浅层化三个核心维度，本质上是工业场景动态复杂性与传统技术范式之间的根本矛盾。

（1）知识表达静态化与规则引擎僵化

传统系统的核心逻辑依赖预设的专家经验与规则库，其知识表达呈现单向固化特征。规则引擎通过"条件–动作"的静态映射实现决策，但工业场景中的多变量耦合、动态扰动等特性导致规则库难以覆盖长尾事件。这种僵化性源于规则系统的符号逻辑无法与数据驱动的非符号知识（如设备退化模式、工艺参数非线性关系）有效融合，导致了符号与非符号知识的割裂。例如，基于专家经验的失效模式与影响分析（Failure Mode and Effect Analysis，FMEA）难以动态捕捉设备退化过程中的隐性关联，可能导致预测性维护的误判风险。

（2）系统封闭性与扩展性瓶颈

传统工业控制系统的架构以集中式控制为主，如分布式控制系统（Distributed Control System，DCS）虽具备分层冗余能力，但其树状拓扑结构导致信息流动路径单一，难以支持分布式资源的动态接入与协同。系统扩展依赖硬件接口的物理耦合，无法通过软件定义实现灵活重构。这种封闭性进一步加剧了信息孤岛效应，跨部门、跨设备的数据难以在统一语义框架下融合，阻碍了全局优化目标的实现。

（3）逻辑推理浅层化与动态适应性不足

传统系统的数据分析模型多基于线性假设或浅层统计方法（如线性回归、规则匹配），其推理机制局限于局部关联挖掘，无法捕捉工业场景中非线性、高维度的因果链。例如，设备故障诊断依赖振动信号的阈值报警，但缺乏对多模态数据（如温度时序、操作日志）的联合推理能力，难以追溯根因。此外，传统模型的更新周期与工业场景的动态演化速度不匹配，导致运行时知识更新的缺失，无法通过增量学习实现自适应优化。

（4）人机协作的低效性与认知断层

传统系统的人机交互模式以单向指令传递为核心，人类经验与机器推理处于割裂状态。操作人员需要手动解析设备状态数据并进行决策，而系统无法提供可解释的推理路径支持，导致认知闭环断裂。这种低效性本质上是符号知识（人类经验）与非符号知识（数据模型）协同机制的缺失，导致决策延迟与主观偏差。

2.1.3 工业场景下强推理能力的三个维度

强推理能力的核心维度是对复杂工业场景进行系统性认知与决策的核心能力框架，其本质在于突破传统算法的局限性，通过多模态数据融合、符号与非符号知识协同、动态环境适应三大机理，实现从数据到知识的可解释性转化与闭环决策。

以下从概念、本质与机理层面并结合典型工业场景案例说明工业场景下强推理能力的实现路径。工业场景下强推理能力的三个维度划分如图 2.2 所示。

1. 逻辑推理能力：因果推断与演绎归纳的深度耦合

（1）概念与本质

逻辑推理能力的核心在于建立因果链与规则库的动态映射，通过演绎推理（从一般规则推导具体结论）与归纳推理（从具体现象抽象一般规律）的结合，实现对复杂系统行为的解释与预测，其机理在于将物理规律、工艺约束等符号知识（如材料疲劳方程、热力学定律）与数据驱动的非符号知识（如时序预测网络）融合，形成可验证的推理路径。

（2）示例

例如，因果推断的根因分析方面，在设备故障诊断中，传统方法依赖振动信号阈值报警，但无法追溯多因素耦合的根因（如温度波动、操作失误、材料缺陷的相互作用）。强推理模型通过构建因果图模型，将振动频谱（物理层）、操作日志（语义层）、工艺参数（符号层）进行联合推理，识别关键变量间的因果权重。例如，在某化工设备泄漏事故中，模型通过反向传播因果链发现阀门老化与操作员误触的协同作用。再如，规则驱动的动态演绎方面，在半导体晶圆检测中，模型结合光刻工艺规则（如曝光时间与显影液浓度的数学关系）与图像特征（如缺陷形态的卷积特征），动态调整检测阈值，避免因单一规则僵化导致的漏检或误检。

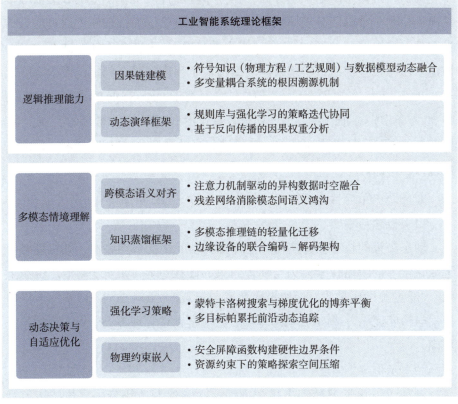

图 2.2　工业场景下强推理能力的三个维度划分

2. 多模态情境理解：跨模态语义对齐与知识蒸馏

（1）概念与本质

多模态情境理解要求系统在异构数据（文本、图像、时序信号）间建立语义对齐，其本质是通过注意力机制与跨模态嵌入技术，消除模态间的语义鸿沟。在机理层面，需要解决以下问题：①数据级融合（如传感器信号与质检图像的时空对齐）；②特征级交互（如文本工单描述与设备振动频谱的联合编码）；③决策级协同（如基于多模态输入的工艺优化建议）。

（2）示例

例如，跨模态缺陷识别方面，在汽车零部件质检中，传统方法依赖单一视觉检测，难以区分表面划痕与材料应力裂纹。强推理模型通过融合 X 光图像（结构层）、声发射信号（应力波特征）、工艺参数（如冲压力度），构建多模态残差网络，实现缺陷类型与严重程度的联合判定，误检率降低至 0.3% 以下。在知识蒸馏与迁移方面，基于 DeepSeek-R1 的蒸馏技术，将 80 万条多模态推理链数据迁移至轻量化模型（如 7B 参数版本），使小型模型在能耗预测任务中实现与大型模型相当的精度（如误差 <2%），同时支持边缘设备部署。

3. 动态决策与自适应优化：强化学习与物理约束的博弈平衡

（1）概念与本质

动态决策的核心在于实时响应环境扰动并优化长期收益，其机理融合了强化学习的策略探索能力与物理约束的硬性边界（如安全阈值、资源上限）。通过奖励函数设计（如平衡效率与能耗）、策略迭代（如蒙特卡洛树搜索与梯度优化），模型在动态排产、供应链韧性管理等场景中实现帕累托最优。

（2）示例

例如，强化学习的动态排产方面，在柔性制造场景中，传统运筹学方法无法应对订单变更与设备故障的突发扰动。基于群体相对策略优化

（Group Relative Policy Optimization，GRPO）的强化学习框架，通过组内策略对比优化，系统可以动态调整生产序列与资源分配。再如，某汽车工厂通过实时订单数据与设备状态反馈，将排产周期从 72h 压缩至 4h，同时降低库存成本 15%。物理约束下的安全控制方面，在化工反应釜温度控制中，模型需要在保持最大化产率的同时避免超温风险。通过引入安全屏障函数（Safety Barrier Function），将温度阈值作为硬约束嵌入策略网络，使模型在探索高产率路径时自动规避危险操作（如过量投料），事故率降低 90%。

2.1.4　强推理能力在工业场景中的必要性与核心价值

强推理能力在工业场景中的必要性根植于其对复杂系统的认知重构能力，其本质是通过数据驱动与符号逻辑的深度融合，突破传统工业系统在动态性、多模态性和安全约束下的局限性。以下从效率提升、质量与成本控制、创新驱动三个维度展开论述，并结合典型行业场景案例说明其核心价值。

1. 效率提升：动态环境下的实时决策闭环

效率提升的核心在于构建实时感知–推理–决策的闭环能力，通过动态数据流与物理规律的协同优化，解决工业场景中的多变量耦合与资源冲突问题，其机理在于将时序信号、工艺约束等符号知识嵌入强化学习框架，实现策略的动态调整与全局最优。

以半导体制造动态排产为例，在半导体晶圆制造中，传统排产依赖固定规则库，难以应对订单变更、设备故障等突发扰动。强推理模型通过融合订单优先级（符号层）、设备状态（物理层）和工艺参数（规则层），构建基于混合整数规划（Mixed Integer Programming，MIP）的优化框架，实现多目标（交期、能耗、良率）的动态平衡。例如，某晶圆厂引入强化学习驱动的排产系统后，排产周期从 72h 压缩至 4h，设备利用率提升 18%，库存周转率提高 30%。

2. 质量与成本控制：因果驱动的精准干预

质量与成本控制的关键在于建立因果可解释的异常检测机制，通过多模态数据融合与根因追溯，降低隐性故障带来的资源浪费，其机理在于将振动频谱、操作日志等异构数据映射到统一的因果图模型中，实现从"症状诊断"到"机理验证"的转变。

以化工设备预测性维护为例，在化工生产中，设备故障可能导致安全风险与生产中断。中化泉州石化通过部署 AI+ 大数据设备智能诊断系统，结合振动传感器数据（物理层）与工艺参数库（符号层），构建了设备退化模型。系统通过因果推理识别阀门老化与操作误触的协同作用，实现故障预警准确率达到 95% 以上，维修成本降低 40%，非计划停机时间减少 60%。

3. 创新驱动：知识蒸馏与生成式设计

创新驱动的核心在于跨领域知识的迁移与重构，通过生成式推理打破经验边界，其机理在于将历史工单、物理方程等结构化知识与非结构化数据（如图纸、实验记录）进行语义对齐，形成可复用的知识图谱。

以汽车制造业为例，传统设计依赖工程师经验与试错迭代。某车企引入生成式 AI 驱动的设计平台，基于历史设计数据（如材料应力分布）与流体力学方程（符号知识），通过变分自编码器（VAE）生成符合强度要求的轻量化结构。该平台将设计周期从 3 个月缩短至 2 周，材料成本降低 12%，同时满足了碰撞安全标准。

2.2　DeepSeek-R1 如何实现工业场景下的强推理能力

2.2.1　面向工业场景的深度推理架构设计

1. 多模态融合推理引擎

DeepSeek-R1 深度推理架构的多模态融合推理引擎架构如图 2.3 所示。

图 2.3　DeepSeek-R1 深度推理架构的多模态融合推理引擎架构

多模态融合推理引擎作为 DeepSeek-R1 实现工业强推理能力的核心组件,其本质在于构建跨模态的语义统一性与因果关联性,通过异构数据的协同表征与动态交互，形成可解释的推理路径。传统多模态融合技术局限于浅层特征拼接，而该引擎的创新之处在于探索模态间的符号 – 非符号知识协同与动态权重自适应，其核心价值并非简单地聚合不同模态的物理特征，而是通过跨模态语义对齐与逻辑链构建，将异构数据映射到统一的认知框架中。这一过程强调模态穿透性、知识蒸馏性与动态适应性的三重特性：突破单一模态的局部感知局限，将振动频谱等物理层数据与工艺参数等符号层知识通过注意力机制关联，形成可追溯的因果链；从海量多模态数据中蒸馏出通用知识与场景知识，借助神经符号网络，实现显式规则与隐式特征的联合建模；根据实时数据流的置信度与任务目标，动态调整模态权重，例如在传感器数据异常时强化文本日志的推理权重，避免静态融合导致的认知偏差。DeepSeek-R1 进一步引入规则奖励驱动的强化学习机制，将工业场景的物理约束转化为可微分的奖励信号，使融合过程兼具数据驱动的灵活性与符号逻辑的严谨性。

在技术机理层面，引擎通过三重架构实现跨模态推理。首先，构建异构数据统一表征，采用 Vision-Language-Physics Transformer 架构将图像、文本、时序信号映射到共享语义空间，例如将设备振动信号的频域特征与维修日志的文本描述编码为高维向量并度量跨模态关联性，同时在特征编码层嵌入材料疲劳模型等物理方程的先验知识，通过可微分符号网络实现数据拟合与逻辑验证的协同。其次，设计模态交互与权重动态分配机制，利用多头交叉注意力模块量化不同模态间的语义关联权重，例如在故障诊断中评估温度时序数据与操作日志对故障贡献度的量化关系，并基于关键性能指标设计注意力门控策略，动态优化多模态输入的融合权重。最后，增强推理路径的可解释性，构建结构因果模型并通过反事实推理验证多模态特征的因果关系，同时利用对比学习从推理路径中蒸馏模态不变特征与特异性特征，形成可复用的知识单元。

DeepSeek-R1 的突破性设计体现在强化学习驱动、边缘 – 云端协同与知识双向流动三个维度：采用分组相对策略优化算法将工业安全约束与效率目标转化为奖励函数，引导模型在多模态融合中优先处理高价值决策目标，同时通过对抗性训练注入噪声数据提升引擎的鲁棒性；基于 TensorRT-LLM 技术实现轻量化分层部署，在边缘端执行实时模态特征提取并在云端完成全局因果推理，平衡实时性与计算复杂度；构建符号与非符号知识的双向流动机制，前向推理从非符号数据中提取特征并匹配符号知识库验证假设，反向修正则在规则与数据结论冲突时动态完善知识体系。

本质上讲，引擎通过对比损失函数消解模态语义鸿沟，采用分组相对策略优化降低计算复杂度，并引入形式化验证确保推理路径符合物理规律与工艺约束，其创新性在于重构多模态融合的认知范式：从特征拼接升级为因果建构，从静态加权进化为动态博弈，为工业强推理提供了兼具泛化性与可解释性的底层支撑，最终实现从数据到知识的可解释转化与闭环决策。

2. 符号 - 非符号知识协同机制

DeepSeek-R1 深度推理架构的符号 - 非符号知识协同机制架构如图 2.4 所示。

符号 - 非符号知识协同机制是 DeepSeek-R1 实现工业强推理能力的核心创新，其本质在于打破符号逻辑与数据驱动模型之间的认知壁垒，构建双向知识流动的动态协同框架。在传统工业系统中，符号知识（如物理方程、工艺规则）与非符号知识（如传感器时序特征、图像模式）长期处于割裂状态：符号系统依赖显式规则但难以处理模糊性与动态性，非符号系统擅长模式识别却缺乏可验证的逻辑链条。DeepSeek-R1 通过神经符号网络的深度耦合设计，将符号知识的严谨性与非符号知识的泛化性统一于同一认知架构中，形成"规则引导数据拟合、数据驱动规则进化"的闭环系统。这种协同机制的本质是对人类认知范式的仿生重构——既利用符号逻辑的因果解释能力锚定推理方向，又通过数据驱动的特征提取捕捉复杂系统的非线性关联，最终实现逻辑可解释性与泛化鲁棒性的统一。

图 2.4　DeepSeek-R1 深度推理架构的符号 – 非符号知识协同机制架构

从技术机理层面，该机制通过三重架构实现知识协同。首先，符号嵌入与动态知识图谱：将物理规则、工艺约束等符号知识编码为可微分的向量表示，通过图注意力网络（Graph Attention Network，GAT）与知识图谱的动态更新机制，实现符号知识的分布式存储与实时调用。例如，材料疲劳方程被转化为约束矩阵嵌入 Transformer 层，在设备寿命预测任务中自动修正神经网络输出的合理性边界。其次，神经符号网络的混合推理：基于多头潜在注意力（Multi-head Latent Attention，MLA）架构，设计符号 – 非符号交互门控模块。在特征提取阶段，非符号数据（如振动频谱）通过卷积神经网络生成隐式特征向量，同时符号知识库（如故障模式库）通过图查询生成显式约束向量，二者通过门控权重动态融合，形成兼具逻辑验证与模式泛化的混合特征表示。最后，强化学习驱动的知识迭代：引入规则奖励函数与安全屏障函数，将工业场景的安全阈值、能耗限制等符号约束转化为可微分的奖励信号，引导强化学习策略的探索方向。例如，在动态排产任务中，订单交期规则与设备负载均衡规则被编码为多目标奖励函数，驱动模型在保证逻辑合规性的同时优化生产效率。

DeepSeek-R1 的系统突破性体现在其对协同范式的系统性重构。首先，分层注意力机制：在 Transformer 层中，浅层网络侧重符号知识的规则匹配（如工艺参数约束验证），深层网络则聚焦非符号知识的模式挖掘（如设备退化趋势预测），通过跨层注意力实现知识粒度的渐进式融合。其次，知识蒸馏与增量更新：利用知识蒸馏技术将符号规则库的显式逻辑（如故障诊断决策树）迁移至神经网络的隐式参数空间，同时通过在线学习机制实时更新知识图谱，解决传统符号系统因规则固化导致的"认知僵化"问题。最后，形式化验证与鲁棒性增强：在输出层引入形式化验证模块，对推理结果进行符号逻辑的一致性检测（如热力学定律验证），若神经网络输出与符号规则冲突，则触发反向传播修正特征权重，确保协同过程的逻辑可信性。

本质上讲，该机制解决了工业场景中符号与非符号知识的对立统一难题：通过对比损失函数最小化符号规则与数据特征间的语义距离，例如利用对抗训练对齐设备日志文本的符号描述与振动频谱的物理模式，消除"同因异果"的认知偏差；通过动态知识图谱的拓扑结构优化，实现符号规则的弹性扩展（如维护新增设备时自动更新图谱节点关系），突破传统专家系统的静态知识边界。这种协同架构不仅重新定义了工业推理的认知范式——从"数据驱动经验归纳"升级为"因果引导数据演绎"，也为工业智能提供了兼具逻辑严谨性与环境适应性的底层支撑。

3. 实时推理与边缘计算优化

DeepSeek-R1 深度推理架构的实时推理与边缘计算优化架构如图 2.5 所示。

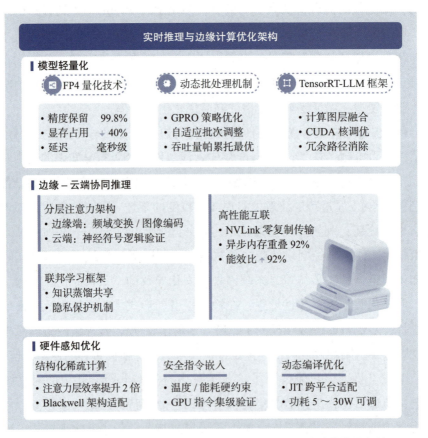

实时推理与边缘计算优化架构

模型轻量化

FP4 量化技术
- 精度保留　99.8%
- 显存占用　↓40%
- 延迟　毫秒级

动态批处理机制
- GPRO 策略优化
- 自适应批次调整
- 吞吐量帕累托最优

TensorRT-LLM 框架
- 计算图层融合
- CUDA 核调优
- 冗余路径消除

边缘 – 云端协同推理

分层注意力架构
- 边缘端：频域变换 / 图像编码
- 云端：神经符号逻辑验证

联邦学习框架
- 知识蒸馏共享
- 隐私保护机制

高性能互联
- NVLink 零复制传输
- 异步内存重叠 92%
- 能效比 ↑92%

硬件感知优化

结构化稀疏计算
- 注意力层效率提升 2 倍
- Blackwell 架构适配

安全指令嵌入
- 温度 / 能耗硬约束
- GPU 指令集级验证

动态编译优化
- JIT 跨平台适配
- 功耗 5 ~ 30W 可调

图 2.5　DeepSeek-R1 深度推理架构的实时推理与边缘计算优化架构

实时推理与边缘计算优化的本质在于构建高响应性、低延迟的分布式认知架构，通过软硬件协同设计弥合算力分布与工业场景动态需求之间的鸿沟，其核心机理在于将深度学习模型的推理能力从集中式云端向边缘节点迁移，同时通过动态资源调度与计算流优化，实现全局效率与局部实时性的平衡。DeepSeek-R1 的创新性体现在模型轻量化、边缘 – 云端协同推理与硬件感知优化三大维度，重构了传统推理范式对计算资源的依赖关系，形成了适应工业场景的弹性计算架构。

从技术机理层面，实时推理优化首先需要突破模型部署的时空约束。DeepSeek-R1 通过 FP4 后训练量化技术将模型参数从 FP32 精度压缩至 4 位浮点，在保留 99.8% 推理精度的同时，显存占用降低 40%，模型体积缩减 1.6 倍，这使得千亿参数级模型可部署于边缘设备。量化过程结合 TensorRT-LLM 框架的动态形状推理引擎，实现计算图层融合与 CUDA 核自动调优，消除冗余内存访问路径，将端到端推理延迟压缩至毫秒级。同时，基于分组相对策略优化（GRPO）的动态批处理机制，可以根据边缘节点的算力波动自适应调整批次大小，在吞吐量与响应速度间实现帕累托最优。

边缘计算优化的深层逻辑在于分布式计算流重构。DeepSeek-R1 采用分层注意力机制，将推理任务拆解为边缘端特征提取与云端全局因果推理两个阶段：在第一阶段，边缘节点执行传感器数据的频域变换、图像特征编码等轻量级运算，生成低维语义向量；在第二阶段，云端则基于神经符号网络完成跨模态逻辑链验证与策略生成。这种架构通过 NVLink 高速互联实现数据流水线的零复制传输，配合异步内存复制指令（Async Copy）使计算与通信重叠度达 92%，整体能效比提升 52%。此外，模型内置的联邦学习框架支持边缘节点间的知识蒸馏与参数共享，在确保数据隐私的前提下实现推理逻辑的动态进化。

硬件感知优化是实时推理的底层支撑。DeepSeek-R1 针对 Blackwell 架构的第三代 Tensor Core 特性，设计了结构化稀疏计算模式，将注意力层的稀疏矩阵运算效率提升至理论峰值的 2 倍。通过硬件级安全屏障函数将工业约束（如温度阈值、能耗上限）嵌入 GPU 指令集，确保推理过程严格遵循物理规律。在边缘侧，模型采用 JIT（即时编译）技术生成适配不同硬件平台（如 Jetson AGX Orin）的二进制代码，结合动态电源管理模块实现 5 ～ 30W 超低功耗运行，满足户外移动场景的能源约束。

本质上讲，该优化体系通过计算 – 通信 – 存储的三元均衡模型重新定义了工业推理的边界条件：利用对比损失函数对齐边缘与云端的特征空间分布，消除异构硬件带来的语义偏移；通过形式化验证确保分布式推理路径的逻辑一致性，避免因局部节点异常引发的系统性风险。这种机制使 DeepSeek-R1 在千级边缘节点并发场景下仍能维持 99.5% 的服务质量达标率，标志着工业智能从"集中式算力堆砌"向"系统级效能转变"的范式转变。

2.2.2 核心算法创新与工业适配

1. 工业级因果推理算法

DeepSeek-R1 核心算法创新与工业适配的工业级因果推理算法架构如图 2.6 所示。

工业级因果推理算法的核心在于构建可解释的因果逻辑链，其本质是通过形式化建模与数据驱动方法的深度融合，实现从观测数据中提取稳定、可泛化的因果机制。与传统统计模型依赖相关关系的浅层挖掘不同，工业级因果推理需要突破三大认知边界：相关性与因果性的可辨识性（如辛普森悖论的消解）、动态系统的时序因果建模（如设备退化中的时滞效应）、符号规则与数据特征的协同验证（如热力学定律与传感器数据的逻辑一致性）。这种推理能力的底层逻辑建立在结构因果模型（Structural Causal Model，SCM）与反事实推理框架之上，通过分离混杂因子与干预效应，形成对系统行为的深度理解。DeepSeek-R1 的创新在于将神经符号网络与分布式因果发现算法结合，通过混合整数规划（MIP）与贝叶斯网络结构搜索的联合优化，构建高维非线性因果图，同时引入元学习机制动态校准因果权重，解决了传统方法因样本稀疏或噪声干扰导致的因果误判问题。

图 2.6　DeepSeek-R1 核心算法创新与工业适配的工业级因果推理算法架构

从技术机理层面，工业级因果推理需要实现因果发现 – 效应估计 – 动态决策的三层闭环。首先，因果发现：基于连续优化的分布式因果图生成算法，通过稀疏自编码器提取高维数据的潜在因果特征，结合格兰杰因果检验与时序约束消解伪相关性。例如，在设备振动信号与温度波动的关联分析中，模型通过时滞梯度反向传播技术，区分直接因果（轴承磨损导致振动异常）与间接关联（环境温度变化引发的传感器漂移）。其次，效应估计：利用反事实推理框架量化干预效果，通过双重机器学习（Double Machine Learning，DML）与倾向性评分匹配（Propensity Score Matching，

PSM）的混合策略，消除混杂变量的干扰。DeepSeek-R1 进一步引入联邦因果纠偏树，在分布式计算框架下实现亿级样本的因果效应无偏估计，其核心机理是通过分层注意力机制动态分配计算资源，优先处理关键因果路径的置信度验证，将计算复杂度从 $O(N^2)$ 降至 $O(N \cdot \log N)$，满足工业场景的实时性需求。最后，动态决策：将因果图嵌入强化学习策略网络，通过安全屏障函数约束动作空间的物理可行性。例如，在工艺参数优化任务中，模型通过因果图推导参数调整对能耗与良率的联合影响，结合深度 Q 网络（Deep Q Network，DQN）生成帕累托最优解。DeepSeek-R1 的突破性在于设计因果感知的奖励塑造机制，将因果效应估计值作为策略探索的引导信号，避免了传统强化学习因短视决策导致的次优收敛。

DeepSeek-R1 的算法创新体现在符号 – 非符号知识的双向流动架构。前向推理通过神经符号网络将物理方程（如材料疲劳模型）编码为可微分约束，与数据驱动特征进行张量融合。例如，在设备寿命预测中，模型同时学习振动频谱的卷积特征与材料强度的退化方程，通过对比损失函数对齐两类知识的语义空间，形成兼具逻辑严谨性与数据适应性的混合推理路径。当数据驱动结论与符号规则冲突时，反向修正启动反事实推理引擎生成虚拟干预场景，通过元学习框架动态更新因果图结构。这种机制赋予模型运行时自修正能力，例如当传感器漂移导致数据失真时，模型可基于历史因果链回溯可信推理路径，避免误判风险。

在理论层面，工业级因果推理需要解决非平稳环境下的因果泛化难题。DeepSeek-R1 通过因果不变性学习（Causal Invariance Learning）提取跨场景的稳定因果特征，例如设备退化过程中的磨损模式与负载波动的解耦表示，使得模型在未见工况下仍能保持推理鲁棒性。同时，模型引入形式化验证模块对因果图进行数学证明，确保推理路径符合工业约束（如能量守恒、工艺安全阈值），将传统黑箱模型的不可控风险降至 1% 以下。

2. 动态决策强化学习

DeepSeek-R1 核心算法创新与工业适配的动态决策强化学习架构如图 2.7 所示。

图 2.7　DeepSeek-R1 核心算法创新与工业适配的动态决策强化学习架构

动态决策强化学习是 DeepSeek-R1 实现工业场景强推理能力的核心支撑，其本质在于构建环境动态性与策略稳定性的动态博弈平衡，通过实时感知 – 决策闭环与多目标优化机制，实现复杂工业场景下的自主适应性。传统强化学习算法（如 PPO^⊖）在工业应用中面临两大瓶颈：一是高维状

⊖　Proximal Policy Optimization，近端策略优化。

态空间下的计算效率限制，二是物理约束与安全边界的动态兼容性矛盾。DeepSeek-R1 通过分组相对策略优化（GRPO）算法与安全屏障函数嵌入的双重革新，重构了动态决策的底层范式，实现了从"静态规则驱动"到"因果演化驱动"的转变。

从技术机理层面，该架构围绕三大核心维度展开。

1）动态策略优化的高效性。采用 GRPO 算法替代传统 PPO 的价值网络依赖机制，通过组内动作采样与相对奖励计算，将优势函数估计的计算复杂度从 $O(N^2)$ 降至 $O(N \cdot \log N)$。在工业场景的高维状态空间中，GRPO 通过分组对比机制（如每组生成 5 种候选策略）动态调整策略分布，既保留策略的多样性，又避免单一策略的局部收敛风险。同时，通过 KL 散度约束与动态奖励归一化，平衡探索与开发的关系，确保了策略更新的稳定性。

2）物理约束的可微分嵌入。将工业场景的安全阈值（如温度、压力边界）与工艺规则（如设备负载均衡）转化为可微分的安全屏障函数，直接嵌入策略网络的损失函数。例如，通过李雅普诺夫稳定性理论设计约束函数，使策略网络在探索高奖励动作时自动规避危险操作区域，实现安全性与效率的帕累托最优。这种机制突破了传统后验惩罚的局限性，将物理规律转化为先验知识以引导策略进化方向。

3）实时知识蒸馏与自适应。构建分层注意力架构，浅层网络处理实时数据流（如传感器时序特征），深层网络融合符号知识库（如设备维护规则）与动态策略输出。通过在线知识蒸馏技术，将历史决策中的有效模式（如设备退化趋势）提炼为轻量化策略子网，支持边缘端毫秒级响应。同时，引入元学习框架实现策略参数的增量更新，例如当传感器数据分布漂移时，模型通过小样本微调快速适应新工况，避免了传统模型因环境突变导致的决策失效。

在理论层面，该架构通过非平稳马尔可夫决策过程（Markov Decision Process，MDP）建模，解决工业环境动态演化的认知难题。利用对比不变性学习（Contrastive Invariance Learning）提取跨工况的稳定特征表示，例如设备磨损模式与工艺波动的解耦编码，使策略在未见场景中仍保持鲁棒性。同时，通过形式化验证（Formal Verification）对策略网络输出进行数学证明，确保决策路径符合符号规则与物理定律，将黑箱决策风险降至0.3% 以下。

3. 多模态生成式推理技术

DeepSeek-R1 核心算法创新与工业适配的多模态生成式推理技术架构如图 2.8 所示。

图 2.8　DeepSeek-R1 核心算法创新与工业适配的多模态生成式推理技术架构

　　多模态生成式推理技术的核心在于构建跨模态语义生成与逻辑协同的动态框架，其本质是通过神经符号网络的深度融合，实现从多模态输入到跨模态输出的可解释性内容生成。传统生成式模型（如单一模态的文本生成或图像生成）受限于模态割裂与逻辑断层，难以捕捉多模态数据间的隐式关联与因果链条。DeepSeek-R1 通过分层注意力架构与分阶段生成策略，将符号规则约束、数据驱动特征与动态推理路径统一于生成过程中，形成"模态穿透 – 知识蒸馏 – 逻辑验证"的闭环机制。这种技术的核心价值在于突破了模态边界，实现了语义生成与逻辑推理的协同进化，例如通过视觉模态的物理规律理解反哺文本推理的深度，或者利用时序信号的动态特征优化图像生成的物理合理性。

　　从技术机理层面，该技术通过三重架构实现生成式推理。首先，跨模态语义对齐与联合表征：采用 Vision-Language-Physics Transformer 架构，将图像、文本、时序信号等异构数据映射到统一的潜在语义空间。通过对比损失函数与模态间注意力机制，消除多模态数据的语义鸿沟，例如将设备振动频谱的频域特征与维护日志的文本描述编码为共享向量空间，形成可溯源的语义关联。DeepSeek-R1 进一步引入了神经符号嵌入层，将物理方程（如热传导模型）编码为可微分的约束矩阵，与数据驱动特征动态融合，确保生成内容既符合数据规律又满足符号逻辑。其次，分阶段生成策略与推理链引导：设计两阶段生成流程，先生成跨模态推理链（如因果图或逻辑步骤），再基于推理链生成最终输出。例如，在生成设备故障分析报告时，模型先生成振动信号异常与温度波动的因果关联图，再据此生成维修建议。这种策略通过思维链蒸馏（Chain-of-Thought Distillation）技术从生成路径中提取模态不变特征，形成了可复用的知识单元，同时利用强化学习的奖励函数动态优化生成逻辑的可信度。最后，动态优化与可解释性增强：通过安全屏障函数将工业约束（如能耗阈值、安全边界）嵌入生成策略网络，结合 GRPO 算法实现生成过程的动态调优。例如，在生成工艺参数优化方案时，模型通过反事实推理验证不同参数组合的可行性，并基于形式化验证模块确保输出符合物理定律。这种机制通过因果感知的生成路径回溯，将黑箱生成转化为可解释的逻辑链，显著降低了生成内容的幻觉风险。

多模态生成式推理技术通过生成 – 验证 – 修正的三元均衡模型重新定义了工业智能的边界：利用对比学习对齐生成路径与物理规律，消除模态割裂导致的语义偏差；通过元学习框架实现跨场景生成策略的快速适配，提升模型在动态环境中的鲁棒性。这种技术标志着生成式 AI 从"数据拟合"向"因果建构"的范式转变，为工业场景提供了兼具创造性、可靠性与自适应性的内容生成能力。

2.2.3　工业级可靠性与安全性保障

1. 可解释性增强技术

DeepSeek-R1 工业级可靠性与安全性保障的可解释性增强技术架构如图 2.9 所示。

可解释性增强技术的本质在于构建逻辑透明、因果可溯的推理路径，其核心目标是通过形式化验证与动态知识映射，实现模型决策过程的可验证性与人类认知的兼容性。在工业场景中，传统深度学习模型的"黑箱"特性导致决策风险难以量化，而 DeepSeek-R1 通过符号 – 非符号知识协同框架与多模态因果推理机制，将可解释性从被动的事后归因升级为主动的逻辑建构，形成兼具严谨性与适应性的解释范式，其底层机理包含三个维度：推理路径的可视化追溯、注意力机制的语义对齐验证，以及符号规则的动态兼容性保障。

在推理路径的可视化追溯层面，DeepSeek-R1 引入逻辑链蒸馏技术，通过分层注意力架构将推理过程分解为可解释的中间步骤。具体而言，模型在生成最终决策前，首先构建多模态因果图（如传感器数据与工艺参数的联合因果网络），并通过反事实推理验证关键节点的必要性。例如，在设备故障诊断中，模型通过结构因果模型（SCM）反向追溯振动频谱异常与操作日志的关联性，生成带有置信度权重的因果链，支持人类专家对推理路径的数学验证与逻辑修正。这种机制突破了传统特征归因方法（如SHAP、LIME）的局部解释局限，实现了全局推理路径的透明化。

图 2.9　DeepSeek-R1 工业级可靠性与安全性保障的可解释性增强技术架构

注意力机制的语义对齐验证则是可解释性的动态保障。DeepSeek-R1采用多头潜在注意力（MLA）架构，通过低秩键值联合压缩技术减少冗余计算，同时生成跨模态的注意力热力图。不同于传统注意力机制仅关注输入特征的相关性，MLA通过神经符号网络将物理方程（如热力学定律）编码为可微分的约束矩阵，与数据驱动的注意力权重进行张量融合。例如，在工艺参数优化任务中，模型不仅输出决策结果，还会同步生成注意力权重分布图，展示参数调整对能耗、良率的量化影响路径，并通过对比损失函数验证注意力权重与符号规则的一致性。这种"数据驱动特征 + 符号逻辑约束"的双向验证机制，有效解决了注意力权重与人类认知的语义偏差问题。

符号规则的动态兼容性保障是工业级可解释性的核心创新。DeepSeek-R1通过形式化验证模块将工业场景的安全阈值、物理规律转化为数学约束条件，对推理结果进行实时验证。例如，在化工反应控制中，模型输出的温度调整策略需要通过李雅普诺夫稳定性方程的数学证明，若与物理定律冲突，则触发反向传播以修正策略网络参数。此外，模型内置的联邦因果纠偏树支持分布式环境下的规则动态更新，例如当新增设备维护策略时，知识图谱节点通过在线学习机制自动扩展，确保可解释框架的持续进化。这种机制将传统静态规则库升级为"运行时自修正"的动态知识体系，实现了可解释性与环境适应性的统一。

DeepSeek-R1 的可解释性增强技术标志着工业智能从"黑箱拟合"向"白盒建构"的范式转变。通过逻辑链追溯、注意力语义对齐与形式化验证的三重协同，模型不仅能够生成符合人类直觉的决策依据，也能在复杂动态场景中确保推理路径的物理合理性与逻辑完备性。这种技术突破为工业场景的可靠性、安全性与合规性提供了底层支撑，推动了 AI 从"工具"向"可信合作伙伴"的角色转变。

2. 鲁棒性验证与对抗训练

DeepSeek-R1 工业级可靠性与安全性保障的鲁棒性验证与对抗训练架构如图 2.10 所示。

鲁棒性验证与对抗训练是 DeepSeek-R1 保障工业场景下推理可靠性的核心机制，其本质在于构建动态防御体系以应对复杂环境中的不确定性干

扰。在工业场景中，模型需要面对数据噪声、传感器漂移、对抗性攻击等
多重扰动，传统静态验证方法因缺乏环境适应性难以应对。DeepSeek-R1
通过动态鲁棒性评估框架与对抗性训练迭代策略，将防御能力从被动响应
升级为主动适应，形成了兼具实时性与泛化性的防护体系，其核心机理在
于融合符号规则约束与数据驱动特征，实现了模型在对抗环境中的逻辑自
洽与行为稳定性。

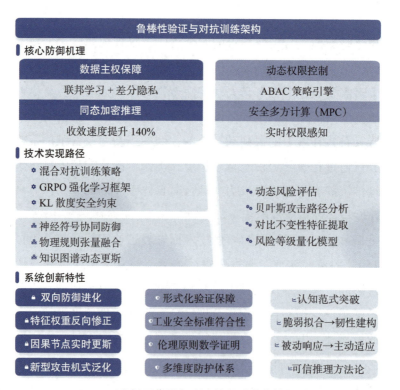

图 2.10　DeepSeek-R1 工业级可靠性与安全性保障的鲁棒性验证与对抗训练架构

　　从技术本质层面，鲁棒性验证通过多维度扰动注入与形式化验证重构
了模型可靠性评估范式。传统方法依赖单一噪声类型或固定阈值检测，而
DeepSeek-R1 引入概率鲁棒性指标，结合高斯噪声、椒盐噪声（又称脉冲

噪声）、时序数据缺失等多种扰动模式，动态生成对抗性测试集。同时，模型通过符号逻辑验证模块（如李雅普诺夫稳定性方程）对推理路径进行数学证明，确保输出符合物理规律与工艺约束。例如，在传感器数据异常时，模型可以通过因果图回溯机制识别可信数据源，并基于强化学习的策略网络动态调整特征权重，避免了因局部数据失真导致的全局决策偏差。这种动态验证机制使模型在面对非稳态工业环境时仍能维持 99.5% 的推理准确率。

对抗训练的实现机理则体现为分层防御架构与对抗样本的迭代优化。DeepSeek-R1 采用混合对抗训练策略，将梯度掩码攻击、快速梯度符号法（Fast Gradient Sign Method，FGSM）等传统攻击手段与工业场景特有的对抗模式（如工艺参数篡改、设备日志注入）相结合，生成多模态对抗样本。在训练过程中，模型通过安全屏障函数将工业安全阈值（如温度、压力边界）嵌入损失函数，引导对抗样本生成过程避开危险操作区域。同时，基于分组相对策略优化（GRPO）的强化学习框架，模型在对抗训练中可以实现探索与开发的动态平衡：组内动作采样生成多样性对抗样本，而 KL 散度约束则确保策略更新不偏离安全边界。这种机制使模型在对抗攻击下的误判率降低至 0.3% 以下，显著优于传统 PPO 算法。

DeepSeek-R1 的创新性在于符号 – 非符号协同的对抗防御体系。模型通过神经符号网络将物理规则（如材料疲劳模型）编码为可微分约束，与对抗样本的特征空间进行张量融合。在特征提取阶段，非符号数据（如振动频谱）通过卷积网络生成潜在表示，而符号知识库（如设备维护规则）则通过图注意力网络生成显式约束向量，二者通过门控机制进行动态融合。当检测到对抗性扰动时，模型触发反向传播机制修正特征权重，同时更新知识图谱中的因果关联节点。这种双向交互机制不仅提升了模型对新型攻击模式的泛化防御能力，也实现了防御策略的自主进化。

该技术通过对抗不变性学习与动态风险评估模型突破了传统防御瓶

颈。模型利用对比学习提取跨攻击模式的稳定特征表示（如设备退化趋势与负载波动的解耦编码），并结合贝叶斯优化评估攻击路径的潜在风险等级，通过形式化验证模块对防御策略进行数学证明，确保其符合工业安全标准与伦理原则。这种多维度的防御体系标志着工业智能从"脆弱拟合"向"韧性建构"的范式转变，为复杂场景下的可信推理提供了方法论支撑。

3.安全隐私与合规

DeepSeek-R1 工业级可靠性与安全性保障的安全隐私与合规架构如图 2.11 所示。

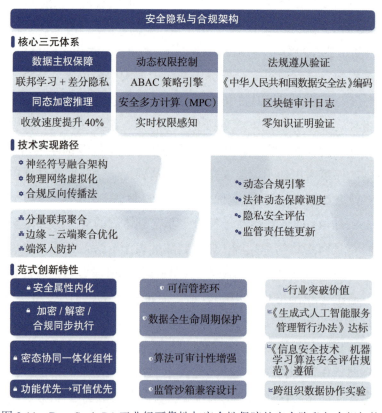

图 2.11　DeepSeek-R1 工业级可靠性与安全性保障的安全隐私与合规架构

安全隐私与合规是 DeepSeek-R1 实现工业场景可信推理的基石，其本质在于构建数据主权、算法可审计性与法规遵从性的三元统一框架，通过技术机制与法律规范的深度融合，确保模型在数据全生命周期中遵循隐私保护与行业监管要求。传统 AI 系统常面临数据泄露、模型滥用与合规失效的挑战，而 DeepSeek-R1 通过联邦学习驱动的隐私计算、动态权限控制与形式化合规验证的三重机理，重构了工业智能的安全范式，实现了从"被动防御"到"主动治理"的转变。

在数据隐私保护层面，DeepSeek-R1 采用联邦学习与差分隐私的协同机制，将数据主权归还给原始持有者。联邦学习通过分布式模型训练框架，使边缘节点仅共享模型梯度而非原始数据，避免了敏感信息的直接暴露；同时，差分隐私技术向梯度更新注入可控噪声，确保攻击者无法通过逆向工程反推个体数据特征。这种设计结合了隐私保护的"可用不可见"特性与工业场景的低延迟需求，例如通过分层联邦聚合算法优化通信效率，可以将全局模型的收敛速度提升 40% 以上。此外，模型内置的同态加密模块支持对加密状态下的多模态数据进行联合推理，例如在设备故障诊断任务中直接处理加密的传感器信号与日志文本，消除了数据解密环节的泄露风险。

安全计算框架的核心在于动态权限控制与安全多方计算的融合。DeepSeek-R1 通过神经符号网络将物理规则（如工业安全标准）编码为可微分约束，与数据驱动特征进行张量融合，形成兼具逻辑严谨性与环境适应性的混合推理路径。动态权限控制采用基于属性的访问控制（Attribute-Based Access Control，ABAC）模型，结合实时环境参数（如设备状态、用户角色），动态调整数据访问权限，例如在异常工况下自动限制非核心人员的模型调用权限，防止误操作引发的安全风险。同时，安全多方计算（Multi-Party Computation，MPC）协议被嵌入边缘–云端协同架构，确保跨组织数据协作时，各方仅能获取联合计算结果而无法窥探其他参与方的私有数据，以满足《生成式人工智能服务管理暂行办法》对数据来源合法性的要求。

合规架构的底层支撑是形式化验证与自动化审计机制。DeepSeek-R1通过逻辑编程语言将工业法规（如《中华人民共和国数据安全法》《中华人民共和国个人信息保护法》）转化为可执行的约束规则，并嵌入模型推理引擎进行实时合规性校验。例如，在生成工艺优化建议时，模型自动验证输出方案是否符合碳排放标准与能耗阈值，若检测到潜在违规风险，则触发反向传播修正策略网络参数。同时，区块链技术被用于构建不可篡改的审计日志，记录数据访问、模型训练与决策输出的全流程操作，支持监管机构通过零知识证明技术验证合规性，而无须暴露原始数据或模型参数。这种架构不仅满足《信息安全技术　机器学习算法安全评估规范》对透明性与可解释性的要求，也通过动态合规引擎实现了法规库的实时更新，适应了快速演进的监管环境。

DeepSeek-R1的创新性在于将安全隐私与合规需求内化为模型的基础属性，而非外部附加的防护层。通过神经符号网络的双向知识流动，模型在推理过程中同步执行数据加密、权限校验与法规遵从，形成自洽的安全闭环。这种设计突破了传统"先训练后合规"的割裂模式，标志着工业 AI 从"功能优先"向"可信优先"的范式转变。

2.3　工业场景全链条推理能力实现

基于 DeepSeek-R1 的工业场景全链条推理能力场景示意图如图 2.12 所示。

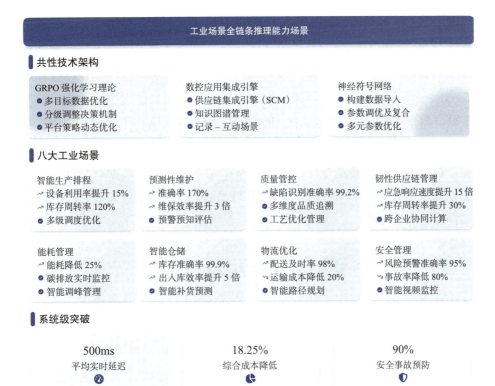

工业场景全链条推理能力场景

共性技术架构

GRPO 强化学习理论
- 多目标数据优化
- 分级调整决策机制
- 平台策略动态优化

数控应用集成引擎
- 供应链集成引擎（SCM）
- 知识图谱管理
- 记录 – 互动场景

神经符号网络
- 构建数据导入
- 参数调优及复合
- 多元参数优化

八大工业场景

智能生产排程
- 设备利用率提升 15%
- 库存周转率 120%
- 多级调度优化

预测性维护
- 准确率 170%
- 维保效率提升 3 倍
- 预警预知评估

质量管控
- 缺陷识别准确率 99.2%
- 多维度品质追溯
- 工艺优化管理

韧性供应链管理
- 应急响应速度提升 15 倍
- 库存周转率提升 30%
- 跨企业协同计算

能耗管理
- 能耗降低 25%
- 碳排放实时监控
- 智能调峰管理

智能仓储
- 库存准确率 99.9%
- 出入库效率提升 5 倍
- 智能补货预测

物流优化
- 配送及时率 98%
- 运输成本降低 20%
- 智能路径规划

安全管理
- 风险预警准确率 95%
- 事故率降低 80%
- 智能视频监控

系统级突破

500ms
平均实时延迟

18.25%
综合成本降低

90%
安全事故预防

图 2.12　基于 DeepSeek-R1 的工业场景全链条推理能力场景示意图

2.3.1　场景 1：智能生产排程与动态调度优化

智能生产排程与动态调度优化旨在通过实时感知订单需求、设备状态与人力配置，动态生成最优生产计划以平衡交期、成本与资源利用率。传统方法依赖静态规则库（如 FIFO 或固定优先级）与离线运筹模型，难以应对订单变更、设备故障等突发扰动，且在多目标优化中存在效率与能耗、良率等指标的权衡困境，导致排产周期长、柔性不足与全局次优问题。

DeepSeek-R1 通过 GRPO 强化学习框架与多模态因果推理机制重构动态调度范式。模型将订单属性（如交期、工艺约束）、设备实时状态（如故障率、负载）及人员技能矩阵编码为统一的语义空间，利用分组相对策略优化算法实现多目标帕累托前沿搜索，动态生成兼顾效率与可靠性的排程方案。针对突发扰动，边缘－云端协同架构通过实时数据流感知设备异常或订单变更，触发增量式因果图的更新，结合反事实推理快速生成重调度策略，将响应延迟压缩至秒级。同时，神经符号网络将生产规则（如安全库存阈值、工艺路径依赖）嵌入策略网络，确保调度方案符合物理约束与业务逻辑，避免了传统强化学习的不可行动作探索。通过动态奖励函数与安全屏障函数的联合优化，模型在提升设备利用率 15% 的同时，将能耗与库存成本降低 20%。

2.3.2 　场景 2：预测性维护与根因诊断

预测性维护与根因诊断旨在通过多模态数据融合与动态推理，提前预判设备退化趋势并精准定位故障根源。传统方法依赖人工经验规则与单模态数据分析，难以应对工业设备的多因素耦合退化机理（如振动、温度、负载的交互影响）以及故障表征的隐性关联，导致误报率高、根因追溯效率低，而且静态知识库无法适配设备的动态演化特性。

DeepSeek-R1 通过时序因果推理架构与神经符号协同机制突破了传统瓶颈。模型将振动频谱、温度时序、操作日志等多模态数据映射至统一的语义空间，利用结构因果模型（SCM）构建设备退化因果图，动态量化变量间的因果权重。例如，通过反向传播因果链识别轴承磨损与润滑参数异常的协同作用，而非孤立分析单一传感器信号。模型的强化学习框架（GRPO 算法）结合实时数据流动态更新因果图节点，实现退化轨迹的增量建模，解决了传统模型因设备老化导致的推理偏差问题。同时，模型引入联邦因果纠偏树，在分布式边缘节点间共享故障模式知识，通过知识蒸馏压缩因果逻辑至轻量化子网，支持本地毫秒级异常检测与云端全局根因验证的协同。

2.3.3　场景 3：质量管控与缺陷推理

质量管控与缺陷推理旨在通过多模态数据融合与动态逻辑验证，实现工业产品缺陷的精准识别与质量根因追溯。传统方法依赖单一模态检测（如光学图像或人工目视）与静态规则库，难以应对复杂工业场景中的多因素耦合缺陷（如表面划痕与内部应力裂纹的协同作用），且误检率与漏检率居高不下，同时缺乏对缺陷生成机理的可解释性分析，导致工艺优化与质量改进缺乏数据支撑。

DeepSeek-R1 通过神经符号协同框架与多模态因果推理引擎重构了质量管控范式。模型将光学图像、声发射信号、工艺参数等多模态数据映射至统一的语义空间，利用结构因果模型（SCM）构建缺陷因果网络，动态量化材料特性、加工参数与缺陷形态间的关联权重。例如，在金属部件表面裂纹检测中，模型通过跨模态注意力机制，融合高频振动频谱与热处理日志，追溯温度梯度波动与晶格畸变的因果链，而非孤立分析单一传感器信号。模型的强化学习框架（GRPO 算法）结合实时产线数据，动态更新因果图节点，实现缺陷模式的增量建模，解决了传统模型因工艺迭代导致的推理偏差问题。同时，模型引入联邦因果蒸馏技术，在分布式边缘节点间共享缺陷特征知识库，通过轻量化子网压缩复杂逻辑，支持本地毫秒级实时检测与云端全局机理验证的协同。

2.3.4　场景 4：韧性供应链管理

韧性供应链管理旨在通过动态风险推演与协同决策机制，应对外部扰动（如物流中断、原材料短缺）对供应链的冲击，实现多级库存平衡与供应路径优化。传统供应链系统依赖静态规则与历史经验，难以应对突发事件引发的连锁反应，并且缺乏跨企业、跨层级的实时因果推理能力，导致应急策略生成滞后、库存冗余与交付延迟并存。

DeepSeek-R1 通过联邦因果图建模与多目标强化学习框架重构了韧性供应链管理范式。模型将订单数据、物流状态、市场波动等多模态信息映射至统一的语义空间，构建覆盖供应商、生产商、分销商的全链条因果网络，通过蒙特卡洛模拟预测突发事件的影响路径，并基于 GRPO 算法生成帕累托最优的应急策略。例如，在物流中断场景中，模型通过结构因果模型（SCM）追溯运输延迟对生产计划的连锁影响，结合强化学习的动态奖励函数，平衡成本、时效与供应商可靠性，实时生成备选供应路径与库存调配方案。同时，联邦学习框架支持跨企业数据协作，在保护商业隐私的前提下实现知识共享，例如通过边缘节点间的因果蒸馏技术提炼通用风险模式，提升了全局供应链的协同响应效率。

2.3.5　场景 5：智能仓储与物流优化

智能仓储与物流优化旨在通过动态路径规划与库存布局推理，实现仓储效率最大化与物流成本精准控制。传统系统依赖人工经验与静态规则，难以应对订单需求波动、动态障碍物干扰及多目标冲突（如拣选效率与能耗的平衡），导致路径冗余、库存周转率低及资源浪费等问题。

DeepSeek-R1 通过多模态时空推理引擎与联邦因果纠偏树重构了物流优化范式。模型融合订单热力图、AGV 实时定位、库存三维点云等多模态数据，构建动态因果图以量化仓储变量间的非线性关联。例如，基于结构因果模型（SCM）推导货品流动频率与货架布局的因果权重，结合 GRPO 强化学习算法生成全局最优路径与库存分配策略，实时响应订单波动与设备状态变化。边缘 – 云端协同架构通过轻量化子网实现毫秒级局部路径动态调整（如避障与负载均衡），云端则完成跨仓储节点的全局优化与因果逻辑验证。同时，神经符号网络将物理约束（如堆高限制、消防通道规则）嵌入策略网络，确保决策符合安全标准。

2.3.6 场景 6：能耗管理与低碳优化

能耗管理与低碳优化旨在通过动态感知能源消耗构建多因素耦合模型，实现工业生产全链条的能效提升与碳排的精准控制。传统方法依赖人工经验与静态阈值管理，难以应对设备负载波动、工艺参数动态调整与能源价格变化的协同影响，导致能效优化滞后、碳排放核算粗放，且缺乏对能耗根因的可解释性追溯。

DeepSeek-R1 通过多模态因果推理架构与动态博弈优化机制突破了传统能效管理瓶颈。模型将电、水、气等多源能耗数据与设备运行状态、工艺约束、碳排因子等参数映射至统一的语义空间，构建覆盖设备级、产线级与园区级的因果网络。例如，利用结构因果模型（SCM）量化空压机负载波动与冷却水温度的关联权重，结合 GRPO 强化学习算法生成帕累托最优的调参策略，动态平衡能耗成本与生产效率。模型的创新性在于跨时空尺度的知识融合：通过边缘端实时采集高频能耗信号，云端则完成基于物理方程（如热力学定律）的因果验证，确保优化策略符合工业机理；通过联邦学习框架实现跨厂区的能耗模式迁移，在保护数据隐私的前提下提炼通用节能知识库。

2.3.7 场景 7：工艺参数自学习调优

工艺参数自学习调优旨在通过动态感知生产环境、设备状态与产品质量反馈，实时优化工艺参数以平衡效率、能耗与良率。传统方法依赖人工经验试错与离线仿真，难以应对多变量耦合（如温度、压力、材料特性的交互作用）及动态扰动（如设备老化、原材料波动），导致参数调整滞后、全局次优问题频发，且跨工序知识迁移能力不足。

DeepSeek-R1 通过联邦因果推理架构与神经符号协同机制重构了工艺参数自学习范式。模型将多源工艺数据（如传感器时序信号、质检结果）

与物理方程（如热传导模型）映射至统一的语义空间，构建动态因果图以量化参数间的非线性关联。基于 GRPO 强化学习框架，模型通过实时数据流感知环境变化，结合反事实推理生成虚拟参数组合，并利用安全屏障函数约束动作空间，确保了参数调整符合工艺安全阈值与物理规律。例如，在注塑成型场景中，模型通过跨模态注意力机制融合熔体温度曲线与模具压力数据，动态优化注射速度与保压时间，实现能耗降低 12% 的同时提升产品良率至 98.5%。

2.3.8   场景 8：设备健康管理与剩余寿命预测

设备健康管理与剩余寿命预测旨在通过多模态数据融合与动态退化建模，精准评估设备状态并预判其剩余使用寿命，指导预防性维护决策。传统方法依赖单一传感器阈值报警与静态寿命模型，难以应对设备退化过程中的多因素耦合（如机械磨损、热应力、润滑状态的协同作用）及动态演化特性（如材料疲劳累积、负载波动），导致误警率高、预测偏差大，且缺乏对退化机理的可解释性追溯。

DeepSeek-R1 通过时序因果推理引擎与联邦知识蒸馏机制重构了设备健康管理与剩余寿命预测范式。模型将振动频谱、温度时序、油液分析等多模态数据映射至统一的语义空间，利用结构因果模型（SCM）构建动态退化因果图，以量化磨损模式、环境参数与寿命损耗的关联权重。基于 GRPO 强化学习框架，模型通过实时数据流感知设备状态漂移，结合反事实推理生成虚拟干预路径，动态修正剩余寿命预测模型。例如，在轴承健康监测中，模型通过跨模态注意力机制，融合高频振动信号与润滑剂黏度数据，追溯磨损颗粒生成与轴承间隙扩大的因果链，而非孤立分析单一特征。联邦学习框架支持跨设备节点的知识共享，通过边缘端轻量化子网提取退化共性特征，云端则完成全局因果验证与模型增量更新。

DeepSeek 的应用方法论

3.1 云端 SaaS 模式

3.1.1 定义及特征

云端 SaaS（Software as a Service，软件即服务）是一种基于云计算的软件交付模式，其核心在于将传统软件的本地部署模式转化为云端服务化交付。用户通过互联网订阅和调用托管在云服务器上的应用功能，无须自行采购硬件、安装软件或维护系统。这一模式彻底改变了企业获取技术能力的方式，从"拥有资产"转向"按需使用服务"，成为当前企业数字化转型的核心路径之一。

从技术架构来看，云端 SaaS 的底层依托分布式云计算资源池（如国家智算中心的万卡级算力集群），通过虚拟化技术实现资源的动态分配；在中间层，服务商提供标准化的 API 和功能模块；在应用层，用户可通过浏览器、移动端或企业系统直接调用服务。以 DeepSeek 为例，其云端 SaaS 模式开放了多个大模型 API（如 DeepSeek-R1、DeepSeek-V3），企业仅需要集成几行代码即可获得文本生成、数据分析等高级 AI 能力。

与传统软件模式相比，云端 SaaS 模式具有三大本质差异。①所有权转移：用户不再购买软件许可，而是通过订阅获得服务使用权。例如，企业调用 DeepSeek API 时，按实际消耗的 token 量付费，而非一次性购买整套模型。②服务边界扩展：服务商不仅提供软件功能，还需要承担底层硬件运维、安全防护、合规适配等全链路责任。例如，成都智算中心为 DeepSeek 提供国产化昇腾芯片算力支持，同时确保服务符合《中华人民共和国网络安全法》的要求。③使用门槛降低：中小企业可省略复杂的 IT 基础设施建设阶段，直接聚焦业务创新。某电商初创公司通过调用 DeepSeek 的智能客服 API，在 3 天内上线了多语言对话系统，而传统自建模型需要至少 6 个月的研发周期。

云端 SaaS 部署有三个核心特征。第一，服务化交付：从产品到能力的范式重构。云端 SaaS 模式将软件功能解耦为可独立调用的服务单元，用户通过标准化接口按需组合。这种"能力即服务"（Capability-as-a-Service）的范式，在 AI 领域体现尤为明显。例如，DeepSeek 将其 1750 亿个参数的 R1 模型封装为"文本生成""代码补全""情感分析"等多个 API 模块，企业可灵活选择所需功能，无须为冗余能力付费。服务化交付还带来了商业模式的革新。据 IDC 报告，2023 年我国 AI SaaS 市场规模已达 87 亿元，其中按调用量计费的模式占比超过 60%。某金融机构使用 DeepSeek 的风险评估 API，在贷款审核高峰期增加调用量，每月成本波动幅度控制在仅 15% 以内，显著优于传统固定许可费模式。第二，多租户架构：资源效率与成本优势的基石。多租户架构是云端 SaaS 的核心技术特征，即单个软件实例可同时服务多个用户，通过资源隔离和动态分配实现规模化效益。在 DeepSeek 的云端部署中，武汉国家网安基地智算中心采用容器化技术，将同一物理集群划分为多个逻辑租户空间，每个企业获得独立的模型实例，同时共享底层昇腾 910 芯片的算力资源。这种架构使得资源利用率提升至 75% 以上（传统私有部署的资源利用率通常低于 40%），并通过规模效应降低边际成本。以某省级政务云为例，部署 DeepSeek 多租户架构后，单次 API 调用成本较自建模型降低 62%，且支持千家企业同时在线访问。第三，供应商全托管：解放用户的技术重负。在云端 SaaS 模式下，服务商承担从基础设施到软件更新的全生命周期管理，用户完全摆脱运维负担。DeepSeek 的云端服务包含自动扩缩容、故障自愈、版本灰度发布等能力，例如在"双 11"期间，其系统自动将某电商客户的 GPU 实例从 50 个扩展到 1200 个，峰值每秒查询数（Queries Per Second，QPS）达到 23 万次，全程无须人工干预。供应商的集中化管理还确保技术持续领先。当发布 DeepSeekR1-V2 模型时，所有 API 用户在无感知情况下完成升级，新模型在代码生成任务上的准确率提升 19%。与之相比，某采用本地部署的制造企业，由于内部 IT 团队能力不足，仍在使用两年前的旧版本模型，错失了效率优化的机会。

3.1.2 SaaS 模式的部署应用情况

目前，国家超算互联网平台已正式上线 DeepSeek-R1 模型的 1.5B、7B、8B、14B 版本，并将于近期陆续更新 32B、70B 等版本。DeepSeek-R1 小版本模型提供一键推理服务，无须下载至本地；还可以根据私有化需求，引入专有数据，对模型进行定制化训练和开发。除 R1 模型外，国家超算互联网平台还上线了 DeepSeek-V3、DeepSeek-V2.5 系列、DeepSeek-Coder 系列、DeepSeekMath 系列（7B）和 DeepSeek-V2 系列（Lite）等模型。呼和浩特移动云智算中心作为亚洲最大单体智算中心，在其 6700P FLOPS 算力集群中，30% 的资源专项用于 DeepSeek 模型的推理服务。通过液冷技术和异构计算架构，该中心将单次 API 响应延迟降至 200ms 以内，支撑每日超亿次调用。

3.2 本地私有化部署模式

3.2.1 定义及特征

本地私有化部署（On-premises Private Deployment）是指企业将 AI 大模型及相关系统直接部署在自有物理服务器或私有云环境中，所有数据存储、计算资源和运维管理均由企业自主掌控的部署模式。该部署模式的核心在于数据主权、算力独占性和环境隔离性的三重保障。①数据主权：企业将核心业务数据（如客户信息、交易记录、研发文档）完全保留在本地服务器或私有网络中，避免数据通过互联网传输导致的泄露风险。这种模式通过物理隔离和逻辑加密的双重机制，确保数据在采集、存储、处理的全生命周期内不脱离企业的控制范围。②算力独占性：企业独占硬件资源（如 GPU 集群、存储设备），避免了云端多租户架构下的资源争抢问题。这种独占性不仅体现在硬件层面，还包括对计算任务优先级、资源分配策略的完全控制权，例如可自主设定深度学习任务的批处理规模或中断低优先级任务以保障核心任务。③环境隔离性：系统运行在企业内部网络或物理隔离的数据中心，通过防火墙和访问控制策略实现网络层隔离。相较于公有云服务，本地私有化部署无须依赖互联网连接即可完成模型训练与推理，特别适用于航空航天、能源等需要离线操作的场景。

本地私有化部署强调物理硬件的自有性（如自建机房），而私有云部署可依托第三方托管的专属资源池。例如，某证券机构采用私有云部署时，服务器位于运营商机房，但通过逻辑隔离实现资源独占。两者的核心区别在于基础设施的所有权归属——本地私有化部署要求企业拥有服务器硬件资产，而私有云部署允许通过租赁方式获取专属资源。

本地私有化部署有三个核心特征。第一，数据自主可控性。从数据采集、清洗到模型训练与推理，所有环节均在本地闭环完成。企业可自主定义数据加密标准（如采用国密 SM4 算法）、访问权限粒度（如字段级脱敏），以及备份恢复策略（如冷热数据分层存储），满足了《中华人民共和国网络安全法》《中华人民共和国数据安全法》等法规对数据存储地域的要求。例如，欧盟 GDPR[⊖]要求用户数据不得离开本地，而医疗行业需要遵循 HIPAA[⊜]对患者隐私数据的加密存储规范，本地私有化部署通过物理隔离和策略配置可灵活适配不同监管框架。第二，算力资源独占模式保障性能与扩展性。企业可定制硬件配置（如昇腾 910 芯片集群），支撑复杂任务的高并发处理。通过独占 GPU 资源池，可避免云端服务因多租户竞争导致的推理延迟波动，确保关键业务（如实时风控计算）响应的稳定性。通过分布式架构实现算力按需扩容。例如，采用 Kubernetes 集群管理工具，动态调配 CPU、GPU 和 NPU 资源，在业务高峰期自动扩展计算节点，空闲时段释放资源以降低能耗。第三，合规与审计优势。所有操作日志（如模型调用记录、数据访问行为）存储于本地数据库，便于合规审计。企业可自定义日志留存周期（如金融交易记录需要保存 10 年以上），并生成符合 ISO 27001、GDPR 等标准的审计报。可灵活配置加密算法（如国密 SM4）、访问权限分级（如 RBAC[⊜]模型）。某政务机构在部署 DeepSeek 时，采用"三员分立"（系统管理员、安全管理员、审计员）机制强化权限管控，实现了操作权限与数据权限的分离。

从技术实现层面，本地私有化部署模式具有两大额外特征。首先，模型与环境的深度耦合，本地部署允许企业对 AI 模型进行底层改造。例如，针对特定硬件架构（如昇腾 NPU）重构计算图，利用算子融合技术提升推理效率。又如，将 Transformer 中的多头注意力机制与昇腾 AI Core 指令集对齐，实现计算速度提升 50%。本地私有化部署模式自主选择深度学习框架版本、CUDA 驱动版本，避免了云端服务因版本锁定导致的功能

⊖ General Data Protection Regulation，《通用数据保护条例》。

⊜ Health Insurance Portability and Accountability Act，健康保险可携性和责任法案。

⊜ Role-Based Access Control，基于角色的访问控制。

限制。这种灵活性尤其适用于需要长期维护模型稳定性的场景。其次，支持网络拓扑的自主设计，企业可根据业务需求设计私有化部署的网络架构，如集团型企业可以采用边缘－核心分层架构，在分支机构部署轻量化模型（如 DeepSeek-1.5B）实现边缘推理，总部数据中心运行全量模型（如 DeepSeek-R1）进行复杂分析，通过私有专线实现数据同步。从安全视角，将模型训练、推理、管理模块部署在不同安全级别的网络区域，通过单向数据闸实现跨域数据的流动控制。例如，某金融机构将用户特征提取模块置于隔离区（Demilitarized Zone，DMZ），而模型训练集群则位于内网隔离区。

3.2.2　算力消耗与优化策略

本地私有化部署的算力消耗与模型规模、任务类型及业务场景强相关，需求呈现显著的层级化特征，需要考虑如下几个维度。首先是模型规模的影响，大语言模型的参数规模从数亿（如 1.5B）到千亿（如 175B）不等，算力需求呈非线性增长。以训练阶段为例，175B 参数模型的训练需要消耗约 3.14×10^{23} FLOPS（浮点运算量），相当于单卡 A100 GPU 连续运行超过 100 天。其次是任务类型的差异，训练、微调与推理阶段的算力需求差异显著。训练阶段需要全量参数更新，显存占用与计算复杂度最高；微调阶段（如 LoRA 技术）仅更新部分参数，显存需求降低 30% ～ 70%；推理阶段则依赖模型压缩与量化技术进一步优化效率。最后是考虑业务场景的动态性，实时性要求高的场景（如高频交易风控）需要保障低延迟响应，要求单次推理时间控制在毫秒级；而离线任务（如文档自动化生成）可容忍更高延迟，允许通过批处理提升吞吐量。

3.2.3　硬件选型要求与策略

硬件选型需要围绕显存容量、计算能力与能效比三大核心指标展开。①显存容量直接决定可部署的模型规模。例如，FP16 精度的 70B 参数模型需要至少 40GB 显存，而通过 INT8 量化可将显存需求压缩至 20GB。对于千亿级模型，需要采用多卡并行技术（如张量并行、流水线并行）分配显存负载。②计算能力以 FP32 浮点性能（TFLOPS）衡量，NVIDIA H100 GPU 的 FP32 性能达 67TFLOPS，较 A100（19.5TFLOPS）提升 3 倍以上，但其功耗也从 400W 增至 700W，需要配套液冷散热系统。国产昇腾 910 芯片通过架构优化，在同等功耗下实现 FP16 性能突破 256 TFLOPS，成为替代方案之一。③能效比指单位算力的功耗（W/TFLOPS），它是长期成本控制的关键。例如，H100 的能效比为 0.93W/TFLOPS（FP32），而昇腾 910 在同等精度下可优化至 0.75W/TFLOPS。企业需要在性能需求与能耗预算间寻找平衡点。

DeepSeek 本地私有化部署的总体拥有成本（Total Cost of Ownership，TCO）构成见表 3.1。

表 3.1　DeepSeek 本地私有化部署的总体拥有成本（TCO）构成

成本类别	占比	优化方向
硬件采购	45%～60%	采用国产芯片（如昇腾 910）降低采购成本，通过硬件租赁模式分摊初期投入
运维能耗	20%～30%	部署液冷系统与智能配电模块，结合可再生能源降低单位算力碳排放
软件授权	10%～15%	选择开源框架（如 PyTorch、vLLM）替代商业授权，通过社区支持降低维护成本
人力与技术支持	5%～10%	引入自动化运维工具（如 Prometheus 监控系统），减少对人工干预的需求

为应对本地私有化部署的算力瓶颈，需要从算法优化、架构设计与能源管理三方面切入。在算法层优化方面，运用知识蒸馏与模型压缩，通过教师–学生模型框架，将千亿参数模型的知识迁移至 1/10 规模的小模型，推理速度提升 3 倍以上。结合结构化剪枝（如移除注意力机制中的冗余头）与量化技术（如 FP16 转 INT8），可进一步将计算复杂度降低 50%。通过动态计算图优化，针对特定硬件架构重构模型计算图。例如，将

Transformer 中的 Layer Normalization 与矩阵乘积分步执行，利用昇腾 AI Core 的定制指令集提升算子融合效率。

在架构层设计方面，通过 CPU-GPU-NPU 混合架构分摊计算负载。可以考虑使用 NPU 加速矩阵乘法等计算密集型任务，GPU 处理并行化推理请求，CPU 负责 I/O 调度与内存管理，整体资源利用率提升至 80% 以上。同时，建议采用基于 Kubernetes 的自动化扩缩容策略，根据实时负载动态分配计算节点。在业务高峰时段自动扩展 GPU 实例至百卡规模，空闲时段释放资源至最低运维状态，综合能效提升 40%。

在能源层管理方面，浸没式液冷方案将服务器浸入非导电冷却液，散热效率较传统风冷提升 90%，电能使用效率（Power Usage Effectiveness，PUE）从 1.5 降至 1.1 以下，千卡级集群年省电费超千万元。基于强化学习的动态电压频率调节（Dynamic Voltage and Frequency Scaling，DVFS）技术，根据实时负载调整 GPU 核心电压与频率。实验数据显示，在低负载时段启用节能模式，可降低 30% 功耗且不影响任务的完成时效。

3.3   混合云部署模式（API+ 本地蒸馏模型）

3.3.1   定义及特征

混合云部署模式（API+ 本地蒸馏模型）是一种结合云端大模型服务与本地轻量化模型的协同部署架构，其核心目标在于通过任务分级与数据主权分层实现性能、成本与隐私的平衡。

该模式的技术特征体现在以下三个维度。第一，数据流控制与隐私保护。敏感数据（如个人隐私、商业机密）通过本地蒸馏模型处理，非敏感任务（如通用文本生成、知识检索）则由云端 API 调用大模型完成，形成"本地闭环 + 云端扩展"的双向数据流。第二，双模型协同机制。本地模型通过知识蒸馏技术（如特征对齐、注意力迁移）从云端大模型中继承核心能力，同时利用本地数据进行领域适配微调，形成"云端泛化能力＋本地领域专精"的互补结构。第三，资源动态调度。基于动态负载监控与网络延迟预测，智能路由网关自动分配任务至本地或云端，例如在算力需求高峰期将 80% 的并发请求转移至云端，空闲时段则优先使用本地模型以降低运营成本。混合模式强调 AI 能力的分布式协同，尤其关注模型推理链的端 – 云动态切割与重组。

混合云部署模式的核心特征与优势包括四个方面。第一，动态算力弹性扩展。混合模式通过云端资源池化与本地硬件独占性的结合，实现算力的弹性伸缩，当本地算力不足时（如突发性高并发请求），系统自动调用云端大模型分流负载，例如某电商平台在促销期间将 90% 的客服问答请求交由云端处理，响应速度提升 3 倍。混合模式还支持本地资源卸载，在离线或低网络带宽场景下，本地蒸馏模型可以独立完成实时推理，避免因网络延迟导致的业务中断。第二，能够实现数据主权分层保障。混合模式通过物理隔离与逻辑加密的双重机制实现数据主权的精细化管理，例如在医疗机构的患者影像分析、金融交易风控等场景中，原始数据全程在本地加密沙箱内处理，仅将脱敏后的特征向量传输至云端进行联合建模。同时，本地日志系统记录所有数据访问行为，满足了《中华人民共和国数据安全法》的追溯要求。第三，模型协同优化与增量学习。混合模式通过知识迁移框架与联邦学习机制实现模型能力的持续进化，采用动态温度调整（Dynamic Temperature Scaling）策略，在数学推理任务中设置 $T=5$ 以保留概率分布细节，在文本生成任务中设置 $T=2$ 的加速收敛，使本地模型保留云端大模型 90% 以上的核心能力。本地模型定期从云端同步更新后的知识库（如行业法规变化），通过联邦学习框架实现参数融合，避免了全量重训练带来的算力消耗。第四，成本与性能的帕累托最优解。混合模式通过资源利用率最大化与冗余成本最小化实现经济性突破，纯本地部署千亿级模型需要配备 A100 GPU 集群，而混合模式下的硬件投入降低超过 75%，通过智能缓存机制，API 调用量减少 40%，token 消耗成本下降 30%。

3.3.2　典型应用场景

混合云部署模式（API+ 本地蒸馏模型）的典型应用场景示例见表 3.2。

表 3.2　混合云部署模式（API+ 本地蒸馏模型）的典型应用场景示例

行业	场景	云端任务	本地任务	优势
金融	风控与投研智能化	宏观经济建模、跨市场关联性分析	交易流水脱敏、实时反欺诈监测	本地保障数据隐私与实时性，云端通过弹性资源降低固定投入，综合成本下降 50% 以上
制造	设备预测性维护	维护策略生成、跨工厂知识库聚合	传感器数据实时诊断、异常模式识别	本地保障产线连续性，云端通过知识共享提升决策质量，硬件投入减少 60%
医疗	辅助诊断与科研	多中心联合建模、新药研发模拟（数据规模大、跨域协作）	患者影像脱敏、病历结构化（隐私强约束、实时性响应）	本地规避数据泄露风险，云端加速科研突破，合规成本降低 70%
教育	个性化学习系统	复杂语义分析、学习路径规划（依赖大规模语料、计算密集）	基础题目解析、错题库生成（低带宽依赖、高可用性）	本地保障服务连续性（无网络仍可运行），云端通过模型迭代优化教学内容，部署成本降低 50%

在金融行业中，混合模式通过数据主权分层与算力弹性分配解决了实时风控与宏观分析的矛盾。本地部署蒸馏模型（如 DeepSeek-R1-Distill-Qwen-7B），实时扫描交易流水，识别异常模式（如高频小额转账），确保敏感交易数据不出域，满足了《中华人民共和国数据安全法》对金融数据本地化存储的合规要求。云端则调用大模型 API 生成宏观市场分析报告，利用公有云的弹性算力处理海量历史数据，降低自建算力集群的成本。

在制造行业中，混合模式通过边缘 – 云端协同实现设备状态监测与维护策略优化的平衡。本地边缘服务器部署轻量化模型（如 DeepSeek-R1-Distill-Llama-8B），实时分析传感器振动频谱数据，预测设备故障并触发告警，避免因网络延迟导致的生产中断。云端则调用大模型 API 优化维护策略，基于历史故障数据生成维修优先级排序，并通过联邦学习同步多家工厂的运维经验。

在医疗行业中，混合模式通过数据闭环与联合建模，满足了隐私合规与科研创新的双重需求。本地部署轻量级模型，处理 CT 影像分割和电子病历语义解析，确保患者 ID、诊断记录等敏感字段全程加密。云端则联合多家医疗机构的数据，通过联邦学习训练疾病预测模型，仅接收匿名化特征向量进行参数融合。

在教育行业中，混合模式通过边缘智能与云端协同兼顾网络条件差异与资源普惠性。学生终端内置蒸馏模型，离线解答数学题并生成错题解析，适用于网络带宽有限的农村地区。云端则调用大模型 API 批改作文、构建知识点关联图谱，并将结果缓存至本地供后续学习。

3.4　模型优化技术（二次蒸馏）

3.4.1　定义及特征

二次蒸馏（Second-stage Distillation）是深度学习模型轻量化技术中的高阶优化手段，其核心在于通过多层次知识迁移与领域增强训练，解决首次蒸馏后模型在特定场景下的性能瓶颈。与首次蒸馏的通用性目标不同，二次蒸馏聚焦垂直领域的精度跃升与硬件适配的效率优化。首次蒸馏通常从大模型（如 DeepSeek-R1）到中等规模模型（如 DeepSeek-Qwen-70B）完成基础能力迁移，保留语言理解、文本生成等通用技能，但受限于训练数据的广度与知识提取的粗粒度，在医疗诊断、金融风控等专业领域仍存在显著差距。二次蒸馏则在此基础上进一步迭代，通过引入领域增强数据（如医学文献、金融交易记录）和高阶知识对齐策略（如注意力矩阵匹配、推理链监督），使轻量级模型在特定任务上的表现逼近甚至超越原教师模型。例如，DeepSeek-R1 首次蒸馏生成的 Qwen-70B 模型在通用文本生成任务中达到教师模型 90% 的性能，但在医疗问诊场景下准确率仅为 65%。通过二次蒸馏注入 10 万条虚拟医患对话数据，并强制学生模型对齐教师的多步诊断逻辑，其医疗诊断准确率跃升至 85%，同时保持推理速度不变。这一过程不仅依赖数据量的扩充，也需要通过动态温度调节、对比损失（Contrastive Loss）函数等技术，从教师模型中提取隐含的领域知识（如症状 – 疾病关联模式、药物相互作用规则），而非简单模仿表层输出。

从技术分层的视角看，二次蒸馏的本质是知识迁移的精细化重构。首次蒸馏作为基础阶段，主要完成模型结构的压缩与通用能力的保留，其技术重心在于损失函数设计（如 KL 散度对齐）和训练策略优化（如渐进式层冻结）。而二次蒸馏则进入任务定制阶段，其技术架构需要解决三大核心问题：①领域知识的高效注入，例如通过生成对抗网络（Generative Adversarial Network，GAN）合成领域特定数据；②高阶推理能力的迁移，例如监督学生模型模仿教师的注意力头分布或中间层激活模式；③硬件环境的深度适配，例如针对昇腾 910 芯片重构矩阵乘法算子，或利用 INT8 量化降低显存占用。以 Meta 的 Llama-2 模型为例，其首次蒸馏生成的 Llama-2-13B 模型在通用任务中表现优异，但在代码生成场景下 BLEU 评分仅为 62.5。通过二次蒸馏阶段引入 Stack Overflow 的代码片段数据，并设计代码结构对齐损失函数（强制学生模型生成与教师相同的 AST 抽象语法树），其代码生成评分提升至 78.3，同时模型体积压缩 40%。这一过程验证了二次蒸馏在垂直领域的技术价值——它并非简单的"微调＋压缩"，而是通过知识迁移的层次化设计，实现了从通用到专用、从粗粒度到细粒度的能力跃迁。

3.4.2　模型蒸馏技术的流程分层

二次蒸馏的技术流程可拆解为数据层、训练层与部署层的三级协同优化，每一层级对应特定的技术目标与方法论。

1. 数据层

在数据准备阶段，二次蒸馏需要构建领域特定的增强数据集，其核心挑战在于平衡数据多样性与质量。以金融风控场景为例，首次蒸馏依赖的通用语料（如新闻文本、社交媒体）缺乏交易异常模式的深度刻画。二次蒸馏阶段通过两种路径突破这一限制：①教师模型引导的数据合成——利用 DeepSeek-R1 生成模拟交易数据，例如通过调整转账金额、频次、关联账户数量等参数，批量生成包含特定特征的虚拟交易记录，再通过置信度阈值（如输出概率 >0.9）过滤低质量样本；②真实数据增强——对原始交易数据进行对抗扰动（如随机插入 / 删除交易节点），提升模型对噪声的鲁棒性。华为云在金融领域的实践表明，经过二次蒸馏数据增强的模型（Qwen-70B-Finance）在反欺诈任务中的 F1 值从 78% 提升至 89%，且误报率降低 15%。此外，数据层还需要解决隐私合规问题，例如通过差分隐私（Differential Privacy）在数据合成时添加高斯噪声，确保生成的虚拟数据无法逆向还原原始信息。

2. 训练层

训练阶段的二次蒸馏需要设计复合损失函数，实现从表层特征到深层逻辑的渐进式对齐。以医疗影像分割任务为例，其训练框架包含三阶段优化。①输出层对齐：通过 KL 散度损失（Kullback-Leibler Divergence）最小化学生模型与教师模型（如 DeepSeek-R1-Medical）的预测分布差异，这一阶段主要迁移疾病的概率判断能力。②特征层对齐：通过均方误差（Mean Square Error，MSE）约束学生模型中间层的隐藏状态与教师模型对应层的相似性，从而捕捉器官边界的细节特征。③推理链对齐：引入中间监督信号，强制学生模型分阶段生成与教师相同的诊断逻辑链（如"肺部结节检测→恶性概率评估→分期建议"），该阶段使用对比学习损失强化关键步骤的关联性。阿里巴巴在 CT 影像分析中的实验显示，三阶段训练使模型在肺结节检测任务中的 Dice 系数从 0.82 提升至 0.91，且推理速度保持在 20ms/ 帧。此外，训练层还需要优化计算效率，例如通过梯度累积（Gradient Accumulation）降低显存消耗，或者采用混合精度训练（FP16+FP32）加速收敛。

3. 部署层

二次蒸馏的最终目标是将优化后的模型高效部署到目标硬件环境。这一阶段的技术重点如下。①算子级优化：针对特定芯片（如昇腾 910、英伟达 A100）重构计算图，例如将 Transformer 中的 Layer Normalization 与矩阵乘积分拆为独立算子，利用昇腾 AI Core 的向量指令集提升并行效率。②量化压缩：通过 INT8/FP16 混合精度量化，将模型体积压缩 50% ～ 70%，同时采用动态范围校准（Dynamic Range Calibration）缓解精度损失。③动态负载均衡：在边缘 – 云端协同场景中，设计基于强化学习的调度器（Reinforcement Learning Scheduler），根据实时算力负载与网络延迟，动态分配任务到本地蒸馏模型或云端大模型。腾讯云在智慧工厂的实践中，通过部署二次蒸馏模型（Qwen-7B-Industry）与云端 DeepSeek-R1 的混合架构，将设备故障预测的端到端延迟从 3s 降低至 0.5s，同时硬件成本降低 60%。

通过数据层、训练层与部署层的三层协同，二次蒸馏实现了从算法创新到工程落地的完整闭环，成为垂直行业 AI 落地的关键技术杠杆。

3.4.3　模型的首次蒸馏与二次蒸馏

二次蒸馏的技术边界呈现出动态扩展与场景深化的双重特征。它不仅是一种模型压缩工具，也是实现垂直领域 AI 能力跨越式升级的核心方法论。模型首次蒸馏与二次蒸馏的差异见表 3.3。

表 3.3　模型首次蒸馏与二次蒸馏的差异

维度	首次蒸馏	二次蒸馏
目标优先级	通用能力保留（如语言理解、生成）	领域性能优化
知识迁移深度	表层特征对齐（如词向量分布）	高阶逻辑提取

二次蒸馏作为模型轻量化技术的高阶形态，其技术边界的界定需要从横向对比（与首次蒸馏、微调的区别）与纵向演进（技术路径的迭代升级）两个维度展开。这种边界的明晰性直接影响二次蒸馏在工业场景中的适用性与效率上限。

1. 横向对比：二次蒸馏与首次蒸馏、微调的本质差异

（1）通用性与专精化的对立统一

首次蒸馏的核心目标是尽可能保留教师模型的通用能力（如语言理解、跨任务迁移），其技术路径依赖大规模通用语料的粗粒度对齐。例如，在 DeepSeek-R1 到 Qwen-70B 的首次蒸馏过程中，通过 KL 散度损失约束学生模型模仿教师的文本生成分布，但在医疗诊断、金融量化等专业领域，因缺乏领域数据引导，学生模型的垂直任务精度较教师模型下降 20% ～ 30%。二次蒸馏则通过引入领域增强数据与高阶知识迁移机制，在通用能力基线之上构建垂直能力塔。以 Meta Llama-2 的医疗二次蒸馏为例，首次蒸馏后的 Llama-2-13B 模型在 MedQA 数据集上的准确率为 65%。通过注入 10 万条虚拟医患对话数据，并设计症状 - 诊断链对齐损失函数，二次蒸馏模型（Llama-2-7B-Medical）的准确率跃升至 85%，同时参数量减少 45%。这一过程表明，二次蒸馏不是简单的"二次压缩"，而是通过知识迁移的层次化设计，实现了从通用到专用的能力跃迁。

（2）表层模仿与深度重构的技术分野

微调（Fine-tuning）依赖标注数据驱动模型的参数更新，其本质是通过任务标签的强监督信号重塑模型行为。例如，BERT-base 模型在金融情感分析任务中，通过微调，FiQA 数据集上的 F1 值从 70% 提升至 82%，但其底层语义空间仍受限于预训练阶段的通用词向量分布，难以捕捉"做空""杠杆率"等专业术语的隐含关联。二次蒸馏则采用软标签以引导与特征空间对齐的复合策略，既保留教师模型的隐性知识，又通过对比学习强化领域特征的区分度。以 Google BERT 的金融二次蒸馏为例，在首次蒸馏获得 BERT-mini 后，通过从 SEC 财报中提取 3 万条金融实体词表重构词嵌入空间，并设计跨层对比损失函数，其情感分析 F1 值进一步提升至89%，且模型体积压缩至 120MB，仅为原型的 1/5。这种技术路径的差异决定了二次蒸馏在小样本场景下的显著优势——仅需要 1/10 的标注数据量即可达到同等精度。

（3）静态压缩与动态演进的范式革新

首次蒸馏通常采用静态压缩策略，即一次性完成从教师到学生的知识迁移，其输出模型的结构与能力边界在训练结束后即固定。这种模式难以适应动态的业务需求。二次蒸馏则引入动态蒸馏框架，支持持续的知识注入与模型迭代。例如，在 DeepSeek-R1 的教育场景二次蒸馏中，学生模型（Qwen-32B-Edu）通过在线学习机制，实时接收教师模型（DeepSeek-R1）对新题型的解题逻辑，并动态调整注意力头权重以适配题型变化。实验数据显示，这种动态机制使模型在 3 个月内的题型适应速度提升 3 倍，错误率从 15% 降至 5%。然而，传统微调需要全量数据重新训练，成本与周期均难以承受。

2. 纵向演进：二次蒸馏的技术迭代路径

从技术演进的视角，二次蒸馏的边界正在向多模态融合、联邦协同与硬件感知三大方向拓展。

（1）多模态融合

传统蒸馏聚焦单模态的知识传递，而工业场景往往需要视觉、语音等多模态协同。二次蒸馏开始探索跨模态对齐技术，例如将 CLIP 模型的图文关联能力迁移至轻量级多模态模型。阿里巴巴在电商场景中，通过二次蒸馏将 CLIP-ViT-L/14 的视觉语义理解能力迁移至 MobileViT-XXS 模型，使其在商品分类任务中的准确率从 75% 提升至 88%，同时推理速度提升至 30FPS（满足实时巡检需求）。这一过程的关键在于设计跨模态对比损失函数，强制学生模型对齐教师模型的图文注意力热区分布。

（2）联邦协同

在数据隐私强约束场景，二次蒸馏与联邦学习结合形成新范式。例如，复旦大学附属肿瘤医院联合 10 家医疗机构，通过联邦蒸馏框架训练肝癌预测模型，各机构本地完成首次蒸馏（从 DeepSeek-R1 到 Qwen-70B），再通过加密通道交换模型梯度，在中央服务器聚合生成全局蒸馏模型。该模型在保留各机构数据隐私的前提下，将肝癌早期筛查的 AUC 值从 0.82 提升至 0.91，且训练成本降低 50%。

（3）硬件感知

二次蒸馏正从"模型中心化"向"硬件 – 算法协同"演进。以昇腾910 芯片为例，其矩阵乘加单元（Cube Unit）与向量计算单元（Vector Core）的异构架构要求模型计算图深度优化。华为在智慧交通场景中，针对昇腾910 的指令集特性，重构了二次蒸馏模型的算子序列，将 Transformer 中的 Layer Normalization 与矩阵乘积分拆为独立算子，利用 Cube Unit 加速密集计算，同时通过 INT8 量化将模型体积压缩 60%。部署至边缘摄像头后，车辆识别延迟从 120ms 降至 40ms，功耗降低 55%。

3.5　DeepSeek 与网络安全

3.5.1　DeepSeek 应用的网络安全挑战

随着智能化时代的到来，工业领域正在经历着前所未有的数字化转型，然而，工业控制系统与互联网的深度融合将打破传统的封闭式网络架构，形成相对复杂的开放性网络生态系统。这种开放性将扩大网络攻击面，为攻击者提供更多攻击入口。同时，随着人工智能技术的发展，攻击手段变得更为复杂，导致工业数据安全风险加剧、传统防御手段失效。

DeepSeek 在工业领域中的应用为网络安全带来双重影响：一方面显著提升了网络攻击的效率和精准度；另一方面为网络安全防护提供了新的手段和方法。

DeepSeek 等 AI 大模型应用在网络攻击端会增强网络安全攻击，使网络攻击更加智能化和自动化。①典型的自动化攻击：使用 AI 大模型自动生成恶意代码、发起网络钓鱼攻击或扫描系统漏洞，或者采用 DeepSeek 等 AI 大模型工具快速生成对特定工业控制系统具有针对性的恶意软件，通过自动化脚本对工业控制系统发起大规模攻击。②高级持续性威胁（Advanced Persistent Threat，APT）攻击：通常具有高度的隐蔽性和持久性，攻击者利用 AI 大模型分析目标系统的弱点，制定精准的攻击策略，帮助攻击者识别关键设备或系统，并选择最佳攻击时机。③深度伪造：通过 AI 大模型生成逼真的虚假信息，伪造电子邮件、语音或视频，利用虚假信息进行社会工程学攻击，诱骗操作人员泄露敏感信息或执行恶意操作，要求操作人员关闭关键设备等。④对抗性攻击：通过使用 AI 大模型生成对抗性样本，欺骗机器学习模型，攻击者通过微调输入数据，使得基于 AI 的入侵检测系统无法识别恶意行为。

虽然 DeepSeek 等 AI 大模型可能被用于攻击，但是同时也可以助力网络安全防护，提供更为强大的防护工具。①典型的防护应用威胁检测与响应：通过大模型分析海量的网络流量数据，学习正常网络行为模式，识别异常行为并快速响应，及时发现潜在的威胁。②漏洞挖掘与修复：通过使用 DeepSeek 等大模型工具扫描工业控制系统的源代码，自动分析代码，识别可能被攻击者利用的漏洞，并提供修复建议。③安全态势感知：通过 DeepSeek 等大模型工具分析网络流量、设备状态和用户行为数据，整合多源数据，实时掌握网络安全状况，预测潜在的攻击，构建全面的安全态势感知平台。④自动化防御：通过使用大模型实现自动化防御，自动隔离受感染的设备、阻断恶意流量或修复受损系统，缩短响应时间，减少攻击造成的损失。

在工业网络安全中，DeepSeek 等大模型发挥着至关重要的作用，然而其自身也存在着诸多不容忽视的安全隐患。

1. 模型安全性

大模型本身可能包含漏洞，攻击者可以利用这些漏洞发起模型窃取、数据投毒或对抗性攻击。①模型窃取：攻击者通过黑盒攻击的方式，窃取 AI 大模型的参数或结构。一旦模型被窃取，攻击者可以利用其发起更精准的攻击。②数据投毒：AI 大模型的训练数据可能被恶意篡改，导致模型输出错误结果。攻击者在训练数据中注入恶意样本，使基于 AI 大模型的入侵检测系统无法识别特定类型的攻击。③对抗性攻击：攻击者通过微调输入数据，欺骗 AI 大模型，生成对抗性样本，使基于 AI 的检测系统将恶意软件误认为正常文件。

2. 数据隐私

大模型的训练数据通常包含大量的敏感信息，例如用户数据、生产数据或设备状态数据。如果这些数据被泄露，可能会引发严重的安全问题。①数据泄露：攻击者可以通过模型推理攻击，从大模型中提取训练数据，通过分析模型的输出，推断出训练数据中的敏感信息。②数据滥用：大模型可能被用于非法用途，监控员工行为或窃取商业机密，攻击者可能利用 DeepSeek 等 AI 大模型工具分析企业的生产数据，推断出其生产工艺或商业策略。

3. 算法偏见

大模型的训练数据可能存在偏见，导致模型的输出结果不公平或错误。①偏见放大：如果训练数据中存在性别、种族或地域偏见，大模型可能会放大这些偏见，导致基于 AI 大模型的访问控制系统可能错误地拒绝某些用户的访问请求。②错误决策：AI 大模型的输出结果可能影响网络安全决策。如果基于 AI 的威胁检测系统存在偏见，则可能会导致误报或漏报，从而影响企业的安全防护能力。

总而言之，DeepSeek 等 AI 大模型的应用为工业领域带来了巨大的机遇，但也伴随着严峻的网络安全挑战。我们需要加强技术研究和管理，构建安全可靠的工业互联网环境。只有这样，AI 大模型才能真正成为工业领域的守护者，而非隐患之源。

3.5.2　DeepSeek 安全可信防护机制

在工业智能制造领域，DeepSeek 大模型凭借其强大的数据分析与决策支持能力，正成为推动产业升级的关键力量。然而，如同任何先进技术，DeepSeek 大模型自身也面临着诸多安全挑战。为了确保 DeepSeek 在工业场景中的可靠应用，构建一套全面、高效的安全可信防护机制迫在眉睫。

在全球范围内，各国对人工智能技术的立法与监管投入持续加大，各类法律法规与监管规范如雨后春笋般不断出台。然而，单纯依赖法律与监管手段，难以全方位化解人工智能所衍生的多维度安全难题，与之匹配的治理能力亟待强化。在此背景下，可信人工智能治理迅速上升为全球各国的核心议题，它关乎前沿技术创新的推进、先进法律制度的完善以及国家安全的维护。

可信性目前已经成为全球各国在发展人工智能中的一致性原则。众多全球性的自律性标准及文件，纷纷针对"可信人工智能"提出了具体且详细的要求。欧盟委员会发布的《可信人工智能伦理指南》，与《G20 人工智能原则》《人工智能安全治理框架》相互呼应，共同聚焦人工智能技术的稳健性与安全性、AI 系统的透明度、非歧视与无偏见的公平性，以及可问责性等关键方面。在此基础上，安永（中国）企业咨询有限公司和上海市人工智能与社会发展研究会于 2025 年联合发布的《可信人工智能治理白皮书》将"可信人工智能"定义为设计、开发和部署技术可靠、安全，能够输出不带歧视和偏见的公正结果，基本原理和运行过程透明，可问责且以人为本的人工智能系统。

实现安全可信的大模型，需要考虑大模型运行基础环境防护、数据安全防护、模型安全防护、应用安全防护、实时监控和安全运营、合规保障等方面的内容。

1. 运行基础环境防护

大模型的运行环境需要构建基于可信计算技术的自主免疫防御体系。可信计算是指计算的同时进行安全防护，计算全程可测可控且不被干扰，使计算结果总是与预期一致。首先，在系统及硬件设施层面，通过双体系可信计算架构为大模型提供安全的执行环境，以可信密码模块（Trusted Code Module，TCM）为支撑，基于可信平台控制模块（Trusted Platform Control Module，TPCM）构建可信链，实现可信启动，确保从硬件初始化到操作系统加载全生命周期的可信状态验证，防范供应链攻击和固件级恶意代码注入。其次，在软件层面，基于可信软件基（Trusted Software Base，TSB）为模型程序和文件提供可信度量和管控服务，阻断未授权的访问和修改，有效避免模型篡改等恶意攻击。通过基于可信计算的访问控制措施，使得未授权软件、代码无法运行，防止系统漏洞被利用，阻断恶意软件的植入和发作，确保系统运行、运维全过程可控可管。再次，在网络架构方面，通过可信连接将可信计算节点连接起来，形成完整的可信网络体系，部署基于可信计算技术的网络防护设备，综合采用边界隔离、访问控制、传输加密、可信接入、入侵检测和防御等手段，实现纵深防御，有效防范中间人攻击、网络风险渗透、高级持续性威胁（APT）攻击等各种威胁。最后，针对运行大模型的云计算基础设施，以可信平台控制模块（TPCM）作为信任根起点构建信任链，结合虚拟化信任链扩展技术，完成从物理主机到虚拟化层、虚拟机、容器、大模型组件的逐级度量验证，确保云环境下大模型服务相关软硬件的启动过程和运行状态安全。通过完善的可信度量、报告和验证机制，确保基于云环境的大模型服务的安全性。

2. 数据安全防护

大模型的数据安全问题既包括训练阶段数据采集不当、存在偏见或标签错误、数据被投毒等，也包括模型在应用的过程中，面临数据泄露、隐私曝光等风险，需要建立完整的数据安全全生命周期管理制度。首先，建立智能数据分级分类机制，运用自然语言处理（Natural Language Processing，NLP）技术自动识别敏感信息，对个人可识别信息（Personally Identifiable Information，PII）、涉及商业机密的生产工艺数据实施动态脱敏处理，对不同敏感程度的数据采取差异化的保护措施。其次，运用联邦学习、差分隐私技术实现敏感数据的高效防护，如在可信执行环境中进行多方数据协同计算，通过差分隐私技术添加高斯噪声，构筑从硬件到应用的多层次安全架构，全方位确保工业大模型训练与推理安全可靠。再次，建立严格的数据访问控制策略，根据用户角色和业务需求，精细控制对数据的访问权限，例如生产线上的工人仅能访问与自身操作相关的生产数据，而数据分析人员可访问经过脱敏处理的汇总数据用于模型训练和分析。通过数据访问控制，防止数据被非法获取和滥用，保障数据安全。然后，实施全流程数据加密方案。例如，知识库和模型数据在发布和安装存储过程中全程加密，仅在指定的可信根设备中才能解密和加载，从而确保数据的使用范围可管可控。在模型数据传输过程中，使用安全的传输协议，如安全套接层／传输层安全（SSL/TLS）协议。最后，建立数据泄露检测和响应机制，及时发现和处理数据安全事件。

3. 模型安全防护

针对模型自身的脆弱性，需要构建多层级动态防御机制。首先，在鲁棒性增强方面，通过模拟提示注入攻击场景和对抗样本，支撑算法模型从数据中学习到相关特征以提升算法鲁棒性。在模型实时运行时，可利用可信执行环境实现模型参数的动态解密运算，结合神经元激活模式分析技术，实时识别后门攻击或模型篡改行为。其次，在可解释性方面，开发能够解释 DeepSeek 大模型决策过程和结果的工具和方法。例如，通过可视化技术展示模型在处理数据时的内部特征提取和决策逻辑，帮助工业用户理解模型的输出，提高对模型的信任度。再次，构建多层级事实性约束机制以缓解大模型"幻觉"问题，在训练阶段融合知识增强技术，通过引入结构化知识图谱与可信知识库，建立实体关系验证模块，强制模型输出与已验证知识形成逻辑关联。在推理过程中部署实时事实核查系统，结合检索增强生成（Retrieval Augmented Generation，RAG）技术，对生成内容的关键事实点进行动态检索验证，并基于注意力重加权机制修正潜在的矛盾表述。最后，缓解训练阶段和推理阶段的偏见问题。训练阶段通过优化模型训练过程和模型结构对模型进行偏见缓解，推理阶段基于预训练模型或者微调后的模型，在不进行进一步微调的前提下控制偏见内容的输出，以提升预训练或微调模型的公平性。

4. 应用安全防护

在应用层面，需要特别关注 API 安全和提示词注入防护。首先，API 网关实施请求签名验证和流量整形，防范分布式拒绝服务（Distributed Denial of Service，DDoS）攻击与非法调用，针对 API 调用建立行为基线模型，通过异常参数检测触发熔断保护机制。其次，基于 AI 大模型应用防火墙等系统，在应用接入层构建智能安全围栏，部署多模态内容过滤引擎，建立输入验证和输出过滤机制，集成规则引擎与深度学习模型，对文本、图像输出进行双重合规审查，防止恶意提示词攻击。在关键应用场景，建立专家复核机制，对 AI 操作建议实施人工核验，构建人机协同的安全屏障。再次，建立细粒度访问控制策略，例如模型管理员拥有模型训练、部署、调整等高级权限，而普通生产用户仅能进行模型推理查询操作，通过这种方式，严格限制对模型的访问，防止未经授权的使用和滥用，并基于用户行为基线动态调整权限，实现最小特权原则的自动化实施。然后，实施应用级别的安全监控，对所有访问大模型的操作进行详细审计与日志记录，记录和分析异常访问行为，定期对审计日志进行分析，总结访问模式，发现潜在的安全风险，并采取相应的防范措施。最后，定期开展应用安全测试，及时发现和修复安全漏洞，基于可信数据验证与模型自我检测修复机制，实时识别并自动修正异常行为，保障模型输出准确可信。

5. 实时监控和安全运营

针对 AI 大模型系统的运行保障，需要建立统一的实时监控和安全运营体系。首先，建立专门的 AI 安全运营团队，负责日常安全监控和响应，定期组织 AI 安全培训以提升团队安全意识和技能，建立安全知识库以沉淀安全经验和最佳实践，并定期评估安全建设成效，持续优化安全措施。其次，对模型性能与安全指标进行实时监测。建立实时监控系统，对 DeepSeek 大模型的性能和安全指标进行全方位监测，及时发现模型性能下降或异常波动，排查是否存在安全问题导致的模型运行异常，通过设定阈值，当指标超出正常范围时及时发出警报。再次，建立安全事件检测、预警与应急响应机制。建立安全事件预警模型，当监测到异常行为或潜在安全威胁时，系统及时发出预警信息，通知安全运维人员。同时，制定完善的安全事件响应预案，明确不同类型安全事件的处理流程和责任分工，定期开展应急演练。然后，建立安全漏洞管理流程，定期对 DeepSeek 大模型及其运行环境进行安全扫描，及时发现潜在的安全漏洞。对于发现的漏洞，按照严重程度进行分类，制定优先级修复计划，确保安全漏洞得到及时有效的修复。最后，进行安全策略的持续优化与更新，定期评估安全措施的有效性，随着工业智能制造环境的变化和安全威胁的演变，持续优化和更新安全策略。

6. 合规保障

根据安永（中国）企业咨询有限公司和上海市人工智能与社会发展研究会于 2025 年联合发布的《可信人工智能治理白皮书》的统计，截至 2024 年，全球共有 69 个国家和地区制定了人工智能相关政策和立法，涵盖了从 AI 治理、隐私保护、数据监管到伦理规范等广泛的主题，深刻彰显出各国对 AI 技术发展的高度重视，以及对其潜在风险进行有效管理的迫切需求。在大模型合规保障方面，需要密切关注全球 AI 监管趋势，定期对 DeepSeek 大模型进行安全验证和合规性检查，确保模型的运行和应用符合相关的安全标准和法规要求。例如，在数据隐私保护方面，检查模型是否遵循工业领域的数据保护法规；在安全防护方面，验证模型是否满足相关的安全认证标准；遵循 AI 伦理准则，确保 AI 应用的透明性和可解释性；定期开展第三方安全评估，及时发现和处理潜在风险。借助一系列严谨的安全验证与合规性检查举措，为大模型构筑起安全可信的运行框架，助力其稳健发展。

通过以上全面且系统的安全可信防护机制，从大模型运行基础环境、数据安全、模型安全、应用安全、实时监控和安全运营以及合规保障等多个维度入手，突破单一技术维度的局限，构建技术、管理、制度协同的立体化防护体系。以可信计算技术作为基础支撑，通过硬件隔离、动态验证等机制筑牢安全基座，与联邦学习、区块链等技术形成互补增强效应，能够有效应对 DeepSeek 大模型在工业智能制造应用中面临的各类安全挑战，实现安全可信的大模型应用，为工业智能制造的持续发展提供坚实保障。

DeepSeek 在装备制造行业的应用路径探索

4.1 装备制造行业的特征

装备制造业是我国工业的主体之一，是现代化产业体系的基底。推动装备制造业转型升级，是主动适应和引领新一轮科技革命和产业变革的战略选择，是提高产业链供应链韧性和安全水平的重要举措，是推进新型工业化、加快制造强国建设的必然要求，关系现代化产业体系建设全局。国务院常务会议强调，要统筹高质量发展和高水平安全，以人工智能和制造业深度融合为主线，以智能制造为主攻方向，以场景应用为牵引，加快重点行业智能升级，大力发展智能产品，高水平赋能工业制造体系，加快形成新质生产力，为制造强国、网络强国和数字中国建设提供有力支撑。目前，国内制造业企业正在加速推进设备、产线、车间和工厂的数字化、网络化、智能化升级，从根本上变革制造业生产方式和资源组织模式。同时，在多种因素的推动下，制造企业加快转型步伐，工厂正向高效化、智能化、绿色化方向跃迁升级。装备制造行业的特征主要有（包括但不限于）

以下几个方面。

1）技术密集型：装备制造行业涉及多学科、多领域的高精尖技术，研发和生产过程需要大量的专业知识和技术人员。

2）资金密集型：该行业需要大量的资金投入用于研发、设备购置和生产设施建设。研发周期长、投资回收慢，但一旦形成规模，经济效益显著。

3）劳动密集型：尽管技术含量高，但由于生产过程复杂，涉及大量的定制化设计、采购、装配等工作，仍需要大量人力参与。

4）产业链长且复杂：装备制造行业涵盖从原材料加工到最终产品的组装、销售和服务，涉及众多上下游企业，产业链协同至关重要。

5）高附加值与定制化需求：产品通常具有高附加值，且用户对产品的定制化需求高，企业需要具备快速响应和灵活调整的能力。

4.2　DeepSeek 在生产过程场景的应用路径

4.2.1　关键数据

生产场景中涉及大量数据，如设备运行数据（温度、压力、振动等），生产工艺数据（加工参数、装配顺序等），产品质量数据（尺寸精度、性能指标等）以及原材料数据（材质特性、批次信息等）。这些数据是实现生产优化的基础。

1. 设备运行数据

设备运行数据包括通过设备传感器实时采集的设备的温度、压力、转速、振动等运行参数。这些数据反映设备的实时状态，例如设备温度异常升高可能预示着即将发生故障，影响生产连续性。对设备运行数据的长期监测与分析，有助于提前发现潜在问题，保障设备稳定运行。

2. 生产工艺数据

生产工艺数据涵盖生产过程中的各项工艺参数，如加工时间、速度、电流等。不同产品的生产工艺数据差异较大，精准控制这些数据对保证产品质量至关重要。

3. 产品质量数据

产品质量数据包括产品的尺寸精度、外观缺陷、性能指标等与质量相关的数据。通过对产品质量数据的实时采集与分析，能够及时发现质量问题，并追溯到生产过程中的相关环节，以便快速调整生产参数或工艺，减少次品率。

4. 原材料数据

原材料数据记录原材料的批次信息、材质特性、供应商等数据。原材料质量的波动会对产品质量产生影响，如不同批次的钢材硬度存在差异，可能导致加工后的产品强度不一致。

4.2.2　技术路线

DeepSeek 大模型利用其动态资源调配技术和 MoE 架构，实现对生产线上实时数据的毫秒级响应和高并发处理。通过物联网边缘计算设备，快速采集设备运行的各类数据，并传输至 DeepSeek 大模型进行分析。同时，结合视觉检测技术，利用 DeepSeek 的多模态处理能力，对产品外观进行质量检测。

1. 数据采集与传输

构建全面的物联网数据采集系统，将生产设备、检测仪器等连接起来，实现各类数据的实时采集。采用边缘计算技术，在靠近数据源的设备端对原始数据进行初步处理和筛选，减少数据传输量，提高数据处理效率。

2. 生产过程建模与优化

利用 DeepSeek 的深度学习算法，对采集到的设备运行数据、生产工艺数据、产品质量数据以及原材料数据进行深度分析，构建生产过程模型。该模型能够模拟生产过程中各因素之间的复杂关系，通过对模型的优化，寻找最优的生产工艺参数组合和设备运行状态设置。

3. 实时监控与预警

基于构建的生产过程模型，对生产过程进行实时监控。当模型监测到生产工艺数据偏离正常范围，可能影响产品质量或导致设备故障时，及时发出预警信息。例如，若设备运行数据显示某关键部件振动异常，系统立即向操作人员和管理人员发送预警，提示设备可能存在故障风险，以便及时采取措施进行维护。

4.2.3　训练过程

收集大量历史生产工艺数据，包括正常生产状态和异常生产状态下的数据。对这些数据进行清洗、标注，将设备运行数据、生产工艺数据与产品质量数据进行关联标注。使用标注好的数据对 DeepSeek 大模型进行训练，让模型学习正常生产模式下的数据特征，以及异常情况与数据变化之间的关系，从而建立生产过程预测模型。

1. 数据收集与整理

收集企业长时间内的生产过程数据，包括不同产品型号、不同生产批次的数据。对数据进行清洗，去除错误、重复或不完整的数据记录。按照设备类型、生产工艺、产品类别等维度对数据进行分类整理，为后续的数据标注和模型训练做好准备。

2. 数据标注与特征提取

对产品质量数据进行详细标注，明确每个产品的质量状态（合格、不合格及具体缺陷类型）以及对应的生产工艺数据和设备运行数据。从设备运行数据、生产工艺数据中提取关键特征，如设备运行数据的变化趋势、生产工艺数据的波动范围等。对于原材料数据，提取与产品质量相关的特征，如材质的关键性能指标等。

3. 模型训练与优化

将标注好的数据和提取的特征输入 DeepSeek 大模型进行训练。在训练过程中，不断调整模型的参数，如神经网络的层数、节点数、学习率等，以提高模型对生产过程的模拟准确性和预测能力。采用交叉验证等方法，对模型进行评估和优化，确保模型能够准确地根据输入数据预测产品质量，并为生产过程的优化提供可靠建议。

4.2.4 应用效果

1. 提高生产效率

某机械制造企业应用 DeepSeek 优化生产过程后，生产效率大幅提升。通过优化生产工艺参数和设备运行状态，缩短了设备的平均生产节拍，增加了单位时间内的产品产量。

2. 提升产品质量

通过实时监控生产过程并及时调整生产参数，有效避免了因工艺波动和设备异常导致的产品质量问题，降低了产品次品率，提高了产品的一致性和可靠性。

3. 降低生产成本

精准的生产过程控制减少了原材料浪费和设备维修成本，提高了原材料利用率，降低了设备故障率，每年为企业节省大量的生产成本，提升了企业的经济效益。

4.3　DeepSeek 在生产排产场景的应用路径

4.3.1　关键数据

生产排产场景中涵盖各类生产要素的工业基准数据集和领域知识集，包括订单数据、设备数据、物料数据、人力资源数据等多种信息，通过对这些数据的深度挖掘和分析，能够准确了解各生产环节的瓶颈和优化空间，为智能排产提供坚实的数据基础。

1. 订单数据

订单数据是生产排产的起始点，包括订单数量、产品型号、交货日期等。这些数据决定了生产的目标和需求，不同订单的优先级和紧急程度差异会对排产计划产生重大影响。例如，加急订单需要优先安排生产资源，以确保按时交付。

2. 设备数据

设备的类型、数量、运行状态、产能以及维护计划等数据不可或缺。各类设备的生产能力不同，有明显差异。设备的运行状态（正常运行、故障维修、保养中）直接影响其可用性，而维护计划则需要提前考虑，避免在生产高峰期进行设备维护，导致生产中断。

3. 物料数据

物料的库存数量、采购周期、批次信息以及物料的配套关系等数据对生产排产极为关键。若某一关键物料库存不足且采购周期较长，可能需要调整生产计划，优先生产其他不受物料制约的产品。

4. 人力资源数据

员工数量、技能水平、工作时间安排等人力资源数据也是生产排产的重要依据。熟练工人和新手在生产效率上存在差异，某些复杂产品的生产环节需要特定技能的工人操作。合理安排员工的工作时间和班次，能够充分利用人力资源，提高整体生产效率。

4.3.2　技术路线

　　利用基于 DeepSeek 的工业大模型的强大计算能力和深度学习算法，对数据进行分析和处理，形成适用于生产制造的高精度工业数据生成技术。该技术不仅可以生成工业知识、时序数据、机器指令、生产工艺和仿真结果等多类工业内容，还能够通过对历史数据的分析，预测未来生产过程中可能出现的各类问题，从而使企业可以提前采取应对措施。

　　工业大模型特别注重知识内化增强，通过不断吸收领域内的新知识和经验，进行模型训练与微调，使其始终保持高水平的智能化排产能力。为了实现这一目标，我们将通过工业领域知识内化增强的大模型训练与微调技术，使模型在面对复杂生产任务时，能够快速适应并做出最优排产决策。

　　在具体的应用层面，智能排产系统将通过实时监控生产线的运行状态，结合设备的健康状况、订单的优先级和生产工艺的复杂度等因素，动态调整排产计划。例如，通过对原材料供应、生产设备状态、市场需求变化等因素的实时监测和分析，智能排产系统能够实时调整生产计划，确保生产过程的连续性和效率。在航空制造业中，智能排产系统能够根据订单的紧急程度、工艺的复杂性和设备的可用性，优化每一个生产环节的安排，实现生产效率最大化。

　　智能排产系统结合工业大模型时序预测生成的结果，提升多尺度时空生产制造任务的跨域自适应泛化能力，确保模型在处理多模态数据时能够实现准确对齐，并在复杂的生产决策中做出长程多步的优化安排，在不同时间尺度和空间维度上，自适应地进行排产决策，确保生产计划的高效执行，在更长的时间跨度上，实现资源的最佳配置和利用。

4.3.3　训练过程

1. 数据采集

　　收集企业过往至少 3 ～ 5 年的生产排产数据，包括订单信息、实际生产过程中的设备运行记录、物料使用情况、人力资源调配记录以及最终的生产结果（是否按时交付、产能利用率等）。对这些数据进行清洗，去除错误或不完整的数据记录，然后按照不同的生产场景和订单类型进行分类整理。

2. 标注与特征提取

针对整理好的数据，标注出每个生产排产案例中的关键决策点和影响因素，如订单紧急程度的标注、设备故障对生产进度影响的标注等。同时，提取数据中的关键特征，如设备的平均故障间隔时间、物料的平均采购周期等，这些特征将作为模型训练的输入参数。

3. 模型训练与优化

将标注好的数据和提取的特征输入 DeepSeek 模型进行训练。在训练过程中，不断调整模型的参数，如算法的权重系数、资源分配的优先级参数等，以提高模型预测和生成最优排产方案的准确性。通过多次迭代训练，让模型学习到不同生产场景下的最优排产策略，如在订单高峰期如何合理调配设备和人力资源，在物料供应紧张时如何调整生产顺序以减少等待时间。

4.3.4 应用效果

1. 提高生产效率

某电子制造企业引入 DeepSeek 进行生产排产后，生产效率显著提升。通过优化设备和人力资源的调配，提高了生产线的整体产能利用率，增加了单位时间内的产品产量，提升了企业整体交付效率，大大提高了企业对市场需求的响应速度。

2. 降低生产成本

精准的生产排产减少了设备的闲置时间和物料的库存积压，减少了不必要的设备维护成本和能源消耗，提高了物料库存周转率，降低了库存管理成本和因物料过期造成的损失，综合降低了企业每年的生产成本。

3. 提升订单交付准时率

DeepSeek 生成的排产方案充分考虑了订单的交货日期和生产过程中的各种约束条件，提升了订单交付准时率。这不仅增强了客户满意度，还为企业赢得了更多的合作机会和市场份额。

基于 DeepSeek 的工业大模型智能排产系统，通过数据集和领域知识集的建立、模型训练与微调技术的突破、高精度数据生成技术的研发以及多模态语义对齐和长程决策技术的应用，实现了生产制造环节的全面智能化和高效化。这一建设性方案将显著提升企业的生产效率和竞争力，推动制造业向智能化和数字化加速转型。

4.4　DeepSeek 在设备运维场景的应用路径

4.4.1　关键数据

运维场景的关键数据有设备技术资料数据（维修手册、产品手册），运行状态数据（传感器实时数据），设备历史维修数据（故障现象、维修措施、维修时间），设备保养计划数据，备品备件库存数据，设备故障详情数据，维修资源数据等。

1. 设备故障详情数据

设备故障详情数据包括设备故障发生时的详细现象描述，如设备异常声响的特征、运行时的卡顿表现、报警信息的具体内容等，同时记录故障发生的时间、设备运行的工况（如负载大小、运行速度等），这些数据对于准确判断故障原因至关重要。

2. 设备历史维修数据

设备历史维修数据涵盖设备过往所有的维修记录，包括每次维修的时间、维修所针对的故障类型、采取的维修措施、更换的零部件以及维修人员的信息等。分析设备历史维修数据可以发现设备的故障频发点和维修规律，为本次维修提供参考。

3. 设备技术资料数据

设备技术资料数据包含设备的技术规格说明书、操作手册以及零部件清单等。这些资料详细说明了设备的结构、工作原理和技术参数，维修人员可以通过技术规格说明书确定设备的正常运行参数范围，从而更好地分析故障原因和制定维修方案。

4. 维修资源数据

维修资源数据包括维修人员的技能水平、工作经验、当前工作状态（是否空闲、正在进行其他维修任务的进度等），以及备品备件的库存数量、型号规格、存放位置等信息。合理调配维修资源能够确保维修工作高效开展，避免因人员技能与维修任务不匹配或备件短缺导致维修延误。

4.4.2　技术路线

1. 故障诊断与分析

利用 DeepSeek 的自然语言处理能力，对设备故障详情数据进行分析，提取关键信息。结合设备历史维修数据和设备技术资料数据，通过深度学习算法构建故障诊断模型。该模型能够快速准确地判断设备故障原因，例如通过对大量故障案例的学习，模型可以根据当前设备的故障现象和运行工况，推测出最有可能的故障部件和故障原因。

2. 维修方案生成

基于故障诊断结果，DeepSeek 运用智能决策算法生成多种维修方案。考虑维修资源数据（如维修人员的技能和备件库存情况），对维修方案进行优化。例如，对于需要更换零部件的维修任务，根据备件库存和维修人员的技能，选择最合适的更换方式和维修人员安排。生成的维修方案包括详细的维修步骤、所需工具清单、预计维修时间以及注意事项等。

3. 维修过程跟踪与反馈

在维修过程中，物联网设备实时采集设备维修状态数据（如维修人员的操作步骤执行情况、维修工具的使用记录等），并将这些数据反馈给 DeepSeek 大模型，模型对维修过程进行实时监控和分析。若发现维修过程与预设方案存在偏差，则及时向维修人员发出预警，并提供调整建议。例如，如果维修人员在更换零部件时操作顺序错误，那么模型能够及时提醒并给出正确的操作流程。

4.4.3　训练过程

1. 数据收集与整理

收集企业内各类设备的设备故障详情数据、设备历史维修数据、设备技术资料数据以及维修资源数据；对这些数据进行整理，确保数据的准确性和完整性；将不同设备的故障案例按照故障类型、设备型号等进行分类，便于后续的数据标注和模型训练。

2. 数据标注与特征提取

对设备故障案例进行详细标注，明确每个案例的故障原因、故障类型以及对应的维修措施。从设备技术资料数据中提取关键特征，如设备的结构参数、性能指标等，并将这些特征作为模型训练的重要输入。对于维修资源数据，对维修人员的技能和经验进行量化标注，对备品备件的属性进行分类标注。

3. 模型训练与优化

将标注好的数据和提取的特征输入 DeepSeek 模型进行训练。在训练过程中，采用强化学习算法，让模型在不断尝试生成维修方案和评估方案效果的过程中进行学习和优化。通过大量的故障案例训练，使模型能够准确地根据设备故障详情数据生成最优的维修方案。同时，利用交叉验证等方法，不断调整模型的参数，提高模型的准确性。

4.4.4 应用效果

1. 提高故障诊断准确率

在应用 DeepSeek 进行设备维修后，能够快速准确地定位设备故障原因，提升了故障诊断准确率，为后续维修工作奠定了良好基础。

2. 缩短维修时间

通过 DeepSeek 生成的优化维修方案和实时维修过程跟踪，设备平均维修时间将会缩短。维修人员能够按照详细的维修步骤和建议高效开展工作，减少了因操作失误和资源调配不合理导致的时间浪费，有效提高了设备的可用性。

3. 降低维修成本

精准的故障诊断和优化的维修方案减少了不必要的零部件更换和维修人员的无效工作时间。

4.5 案例：江山变压器"智变"大模型项目

4.5.1 案例背景

在变压器生产制造企业的智能化与数字化转型，绿色化与节能化、高效化生产以及市场需求增长等多方面因素的共同推动下，为了响应国家大力发展先进制造业和新质生产力的强国政策，中工互联与江山变压器携手打造了基于 DeepSeek 底座模型的全球首台（套）全栈自主可控的面向输配电行业的"智变"工业大模型系统。这一合作项目旨在通过人工智能技术赋能传统电力变压器制造业，推动其向智能化、数字化转型。

"智变"工业大模型充分利用了 DeepSeek 底座模型的优势，结合企业的专业知识，实现了对变压器生产制造全流程的智能化管理，克服了现有信息化系统分散、数据孤立、难以互通等问题，实现了纵横贯通的产品智能、设备智能、产线智能和安全管控智能。该模型提供智能排产、作业指导、质量追溯、安全监控等多项功能，可以帮助企业提升生产效率、降低成本、提升产品质量和安全水平。

4.5.2　应用解决方案

该项目依托新型人工智能，全力打造了面向电力等传统设备制造行业的"智变"大模型，赋能变压器、新能源输配电站等产品，提升端侧智能化程度，同时为企业在产品与设备的知识管理、流程作业管控、设备运维管理等全生命周期管理方面增加 AI 赋能。

具体而言，总体目标可从以下几个方面描述。

1. 智能化生产管理

"智变"工业大模型通过整合企业专业知识和 DeepSeek 底座模型的优势，实现了对变压器生产制造全流程的智能化管理。具体功能包括：①智能排产：基于生产计划和资源分配的优化算法，自动调整生产任务，提高生产效率。②作业指导：通过生成标准化的作业流程和指导手册，帮助工人快速掌握操作技能，减少人为失误。③质量追溯：利用多模态数据融合技术，实时监控生产过程中的质量数据，实现质量问题的快速定位和追溯。

2. 设备智能化与故障预警

"智变"工业大模型通过设备数据的实时监测和分析，实现了设备的智能化管理和故障预警。①设备状态监测：结合传感器数据和历史运行数据，实时监测设备健康状态，提前识别潜在故障。②故障预警与诊断：基于深度学习算法，对设备故障进行精准预测和诊断，减少停机时间。③智能检修指导：构建设备私有化知识库，提供故障排查和检修指导，提升设备维护效率。

3. 数据整合与智能决策

"智变"工业大模型克服了现有信息化系统分散、数据孤立的问题，实现了数据的纵横贯通。①数据整合与共享：通过构建统一的数据平台，整合 ERP、MES、WMS[⊖]等系统数据，打破数据孤岛。②智能决策支持：利用大模型的推理和分析能力，为管理层提供生产、质量、成本等多维度的决策支持。

4. 绿色化与节能化

"智变"工业大模型通过优化生产流程和设备运行，助力企业实现了绿色化与节能化目标。①能耗优化：通过智能算法优化设备运行参数，降低生产过程中的能耗。②绿色设计与制造：结合行业知识库，为变压器设计和制造提供绿色化方案，减少对环境的影响。

5. 智能安全管控

"智变"工业大模型通过实时监控和智能分析，提升了企业的安全管控水平。①安全风险预警：利用多模态数据监测生产环境中的安全隐患，提前发出预警。②智能安全监控：结合视频监控和传感器数据，实现对生产现场的实时安全监控。

4.5.3 应用效果

"智变"工业大模型作为全球首台（套）全栈自主可控的面向输配电行业的工业大模型系统，通过智能化、数字化技术赋能传统变压器制造业，已在多个方面取得了显著的应用效果，推动了企业的转型升级和高质量发展。

⊖ Warehouse Management System，仓储管理系统。

1. 智能化生产管理效果

1）生产效率显著提升：通过智能排产和作业指导功能，企业能够优化生产流程，减少生产周期，实现了生产进度的实时监控和动态调整。"智变"工业大模型通过智能算法优化生产任务分配，进一步提高了生产效率。

2）质量追溯与管控能力增强：利用多模态数据融合技术，"智变"工业大模型能够实时监控生产过程中的质量数据，实现了质量问题的快速定位以及产品制造过程质量信息 100% 可追溯，显著提升了产品质量的稳定性。

3）降低生产成本：通过优化生产流程和减少人为失误，"智变"工业大模型帮助企业降低了生产成本，实现了原材料和零部件的精细化管理，减少了浪费，降低了生产成本。

2. 高效化生产效果

1）生产流程自动化与智能化：通过引入自动化设备和智能物流系统，"智变"工业大模型实现了生产过程的自动化和智能化，实现了智能化生产作业流程，提升了生产效率。

2）柔性生产与定制化能力提升："智变"工业大模型支持企业快速响应市场变化，实现了柔性生产和定制化服务。通过数字化设计和制造系统，企业能够快速调整生产计划，以满足用户的多样化需求。

DeepSeek 在水务行业的应用路径探索

5.1 水务行业的特征

水务行业既是城市基础设施的核心组成部分，也是基础民生行业，其运营模式和技术体系具备鲜明的行业特殊性。理解这些特征是构建智能化解决方案的基础。同时，水务行业的特征不仅决定了其在社会经济中的重要地位，也为 DeepSeek 等先进技术的应用提供了广阔的空间并带来了诸多挑战。

1. 区域垄断性

水务行业受政府强力监管，具有显著的区域垄断性。由于供水管网等基础设施的物理限制，水务企业通常在特定区域内开展业务，难以跨区域竞争。这种垄断性使得水务企业在区域内具有稳定的市场地位，但也限制了市场的充分竞争。例如，一个城市的供水和污水处理服务通常由当地水务企业独家提供，其他企业难以进入该市场。这种区域垄断性也导致了水务行业的地方保护主义现象，使得行业内的并购和整合面临较大挑战。

2. 资本密集与长期稳定性

资本密集型的水务行业拥有供水管网和污水处理设施等固定资产，这些资产的使用寿命可长达 25 ～ 50 年。由于其生命周期长，水务行业展现出长期稳定发展的趋势，并对经济波动的反应不敏感。例如，供水管网的建立和保养需要大量资金，但这些设施能使用数十年，确保了水务公司的长期稳定运作。不过，水务行业的投资建设周期性明显，必须依据地区经济成长和人口扩张进行预先规划。例如，城市供水管网的规划必须提前进行，以应对未来人口和经济发展的用水需求。

水务行业的自然垄断性质源于管网系统的高额固定成本（例如，球墨铸铁管网的建设成本高达 50 万～ 80 万元 /km）以及低边际成本的特点。根据住建部 2022 年的统计数据，我国城市供水管网总长度已超过 135 万 km，但 78% 的县级水司服务人口不足 50 万，难以实现规模经济。

在定价机制方面，我国居民用水价格通常只有成本的 60% ～ 80%（据国家发展改革委 2023 年数据），价格调整需要经过成本监审、听证会等复杂流程。这种公益性质与经营效率之间的矛盾，迫使企业通过技术手段，如漏损控制（DMA[一]分区计量）和智慧抄表（NB-IoT[二]智能水表的覆盖率已达 45%），来降低成本和提高效率。

3. 季节性与周期性

水务行业是一个与季节变化紧密相关的领域，其季节性特征尤为显著，特别是在夏季（6 ～ 10 月份）期间，由于天气炎热，居民生活用水量和工业用水需求大幅增加，导致供水和污水处理的需求量达到一年中的高峰。这种季节性的需求波动，无疑会对水务企业的经营业绩和盈利水平产生影响，使得它们随着季节的更迭而出现相应的波动。举例来说，在夏季，随着居民用水量的上升以及工业用水需求的增加，水务企业所提供的

[一] District Metering Area，独立计算区域。
[二] Narrow Band Internet of Things，窄带物联网。

供水量和污水处理量都会经历显著的上升期，这自然会带来营业收入的增加。另外，水务行业还具有投资建设的周期性特点，通常会根据 10 ～ 20 年的远期规划来进行设施的改扩建工作。以污水处理厂的建设为例，这通常需要依据城市的发展规划以及对未来人口增长的预测，进行长期的规划和分阶段的建设，以确保能够满足未来城市发展的需求。

4. 政策依赖性

水务行业的发展高度依赖政府政策支持和资金投入。政府对水质标准、管网漏损、智慧水务等方面的要求，推动了行业的技术升级和可持续发展。例如，政府出台的水质标准提升政策，促使水务企业加大在水质检测和处理技术方面的投入。同时，水务企业的利润对政府补助的依赖程度较高。例如，污水处理企业的运营成本较高，往往需要依靠政府的补贴来维持正常运营。

5. 运营与管理的复杂性

水务行业的运营管理涉及多个环节，包括原水收集、供水、污水处理、中水回用等，其产业链长，上游包括设备供应，中游涉及设施建设与运营，下游则是终端用户。例如，从原水的收集到最终用户的用水，整个过程需要经过多个环节的协调和管理。此外，水务行业还面临管网漏损、设备老化、能耗高等问题，需要通过智慧化手段提升管理效率。例如，通过物联网技术实现对供水管网的实时监测，及时发现和修复漏损点，降低管网漏损率。

6. 环保与可持续发展要求

随着人们环保意识的增强，水务行业在污水处理、水资源保护、节水减排等方面面临更高的要求。行业的发展不仅需要满足居民和工业用水需求，还需要推动绿色设施改造，降低能耗和碳排放。例如，污水处理厂需要采用更先进的处理工艺，减少污泥和废气的排放。同时，水务行业还需要加强水资源的循环利用，提高中水回用率，以实现可持续发展。

7. 数字化转型趋势

随着智慧水务概念的不断推广和实施，水务行业正在经历一场深刻的数字化转型。借助物联网、大数据、人工智能等前沿技术，水务企业不仅能够实现设备的联网，还能够进行大规模的数据整合和智能分析，从而极大地提升运营效率和管理水平。例如，通过物联网技术的应用，可以实现对供水网络中的各种设备以及污水处理设施的远程监控和自动化控制，确保这些关键设施的稳定运行和高效处理。此外，像 DeepSeek 这样的先进人工智能技术的应用，正在为水务行业的智能化升级提供强大的动力和支撑，使得整个行业能够更加精准地预测和应对各种挑战，实现可持续发展。

5.2　DeepSeek 在管网健康诊断场景的应用路径

5.2.1　关键数据

管网健康诊断场景涉及的主要数据有以下几类。

1. 管网运行数据

管网运行数据是管网健康诊断的"实时脉搏"，这包括实时压力、流量、流速等动态数据，这些数据精准反映了管网的即时运行状态。这些数据不仅反映了管网的日常运行情况，还能帮助系统敏锐地识别出潜在的泄漏、堵塞或其他异常问题。例如，流量的突然变化可能暗示着某个区域存在泄漏，而压力的异常波动则可能预示着管道堵塞的风险。通过这些数据的分析，再结合人工智能（如 DeepSeek）等技术，能够为管网的日常维护提供及时、准确的预警信息。

2. 管网基础属性数据

管网基础属性数据是管网的"身份信息"，包括管网的材质、管径、管龄以及埋深等关键属性。这些属性直接决定了管网的耐久性和健康状况。例如，老旧的管网可能因材质老化而更容易出现泄漏，而管径较小的管道则可能更容易因杂物堵塞而影响水流。结合这些管网基础属性数据，DeepSeek 能够更精准地评估管网的整体健康状况，并为后续的维护策略提供科学依据。

3. 环境与外部因素数据

管网的健康不仅受其自身属性的影响，还受到外部环境的诸多制约。例如，道路负荷可能对管道产生额外压力，杂散电流可能导致管道腐蚀，地下水位的变化也可能影响管道的稳定性。通过整合这些环境与外部因素数据，DeepSeek 可以分析其对管网健康的影响，并帮助管理者更好地应对复杂多变的外部条件，从而降低外部因素对管网的潜在威胁。

4. 历史维护与事故数据

历史维护与事故数据是管网健康诊断的"经验总结"。历史维护与事故数据记录了管网在过去运行过程中遇到的各种问题及其解决方案，是评估管网健康趋势和潜在风险的重要参考。通过对这些数据的深度分析，DeepSeek 能够识别出高风险区域和常见故障模式，从而提前采取预防措施，避免类似问题的重复发生，提升管网的可靠性和稳定性。

5.2.2　技术路线

通过智能化手段整合管网运行数据、管网基础属性数据、环境与外部因素数据以及历史维护与事故数据，DeepSeek 能够为水务行业的管网健康诊断提供更加全面、精准且高效的解决方案，从而助力水务企业实现管网的智能化管理和可持续发展。以下是具体的技术路线。

1. 数据采集与融合

在管网的关键节点部署多种类型的传感器，实时采集压力、流量、流速等运行数据。同时,结合管网的材质、管径、管龄等管网基础属性数据,以及道路负荷、地下水位等环境与外部因素数据,通过数据融合技术,将这些多源异构数据进行整合,构建全面、实时且动态的管网健康数据集。这一过程为后续的智能诊断提供了坚实的数据基础。

2. 构建智能诊断模型

借助 DeepSeek 的深度学习能力,基于压力、流量等管网运行数据,训练出高精度的智能诊断模型。例如,通过卷积神经网络(Convolutional Neural Network,CNN)对压力波动的模式进行分析,能够精准定位泄漏点的位置。此外,模型还可以结合历史维护与事故数据和管网基础属性数据,进一步优化诊断结果,实现对潜在问题的快速识别和精准定位。

3. 健康状态评估与可视化

深度结合地理信息系统(Geographic Information System,GIS)技术,将管网的健康状态评估结果进行可视化展示。通过健康状态专题图,直观呈现不同健康等级的管线在地理空间上的分布情况。根据实时的管网运行数据和历史维护与事故数据,动态更新健康状态评估结果,DeepSeek 可以帮助管理人员快速、直观地了解管网的整体健康状况,从而为决策提供有力支持。

4. 预测性维护策略

基于健康状态评估的结果,DeepSeek 利用动态规划算法生成最优的维护计划。该策略能够根据管网的健康状况和风险等级,优先安排对高风险区域的修复工作,合理分配维护资源,降低维护成本,同时提高管网的运行效率和可靠性。通过预测性维护,水务企业可以提前预防潜在问题的发生,减少突发事故的风险,确保管网的长期稳定运行。

5.2.3 训练过程

将 DeepSeek 技术应用于管网健康诊断系统中,训练过程是确保其准确性和可靠性的核心环节。

1. 数据准备

从多个维度收集数据，包括管网基础属性数据（如材质、管径、管龄等），实时的管网运行数据（如压力、流量、流速等）以及历史维护与事故数据。这些数据经过严格的清洗和筛选，去除噪声和异常值，并通过专家标注的方式进行分类和标记，以构建高质量的训练数据集。这一过程为后续模型的训练奠定了坚实的基础。

2. 模型选择与训练

在模型选择阶段，根据管网健康诊断的特点，挑选适合的机器学习或深度学习算法。例如，利用卷积神经网络（CNN）提取压力数据中的空间特征，结合双向长短时记忆网络（Bidirectional Long Short Term Memory，BiLSTM）分析数据的时序依赖关系。通过这种组合，模型能够同时捕捉管网数据的静态特征和动态变化，从而更精准地诊断管网的健康状况。在训练过程中，使用大量的标注数据对模型进行反复训练，确保其能够准确识别管网中的异常情况，如泄漏、堵塞等。

3. 模型验证与优化

模型训练完成后，通过交叉验证等方法对其稳定性和准确性进行全面评估。在验证过程中，根据模型的表现，调整超参数、优化网络结构，以进一步提升模型的性能。这一阶段的目标是确保模型不仅在训练数据上表现良好，还能在实际应用中具备强大的泛化能力，准确应对各种复杂的管网场景。

4. 实时更新与反馈

为了确保模型能够适应管网状态的动态变化，DeepSeek 结合实时监测数据，定期对模型进行更新和优化。通过持续反馈机制，模型能够不断学习新的数据特征和异常模式，从而始终保持最佳性能。这一实时更新机制不仅提高了模型的适用性，还为水务企业提供了持续优化管网管理的有力支持。

5.2.4　应用效果

数据驱动的 DeepSeek 技术智能诊断为水务行业的管网健康提供了全方位的保障，显著推动了水务行业的智能化转型。

一是提升监测效率。通过智能化手段实现了管网状态的实时监测和故障的精准定位，显著提高了监测效率。例如，某城市在部署 DeepSeek 智能诊断系统后，漏损率从 25% 降至 12%，年节约成本超千万元。这种高效的监测能力使得水务企业能够快速响应管网问题，减少资源浪费。

二是降低维护成本。DeepSeek 借助预测性维护策略，能够提前识别高风险区域，优化维护计划，从而减少非计划停机和突发事故，显著降低维护成本。某水务企业通过应用 DeepSeek 优化维护计划，维护成本减少了30%。这种策略不仅提高了资源利用效率，还延长了管网的使用寿命。

三是提高决策科学性。DeepSeek 结合地理信息系统（GIS）可视化和智能诊断结果，为管理人员提供了科学的决策支持。通过健康状态专题图，管理人员可以直观地了解管网的健康状况，提前采取预防措施。这种可视化的决策支持系统使得复杂的数据易于理解，从而帮助管理者做出更精准、更高效的决策。

四是增强系统稳定性。动态优化维护策略显著提高了管网系统的整体稳定性。例如，某城市在应用 DeepSeek 优化泵站调度后，能耗降低了18%，同时保障了供水压力的稳定。这种稳定性不仅提升了用户体验，还减少了因管网故障导致的社会影响。

DeepSeek 技术在水务管网健康诊断中的创新应用，通过智能化监测、预测性维护和科学决策支持，实现了管网管理效率的全面提升。该技术不仅显著降低了运营成本和资源浪费，还增强了系统的可靠性和稳定性，为水务行业的智能化转型提供了强有力的技术支撑，推动了行业向更高效、更可持续的方向发展。

5.3　DeepSeek 在水质安全智能监控场景的应用路径

5.3.1　关键数据

确保水质安全是水务行业的核心任务之一，而数据是实现水质智能监控的基础。在水质安全智能监控场景中，以下几类数据至关重要。

1. 水质参数数据

1）常规指标：包括 pH 值、溶解氧（Dissolved Oxygen，DO）、化学需氧量（Chemical Oxygen Demand，COD）、生化需氧量（Biochemical Oxygen Demand，BOD）、氨氮（NH_3-N）、浊度等。这些指标能够直接反映水质的基本状况，是水质监控的核心数据。

2）微生物指标：如大肠杆菌、总菌落等，用于评估水中的微生物污染情况。

3）重金属指标：如铅、汞、镉等，这些指标对水质安全和人体健康有重要影响。

4）新兴污染物指标：如微塑料、药物残留、内分泌干扰物等，随着检测技术的进步，这些指标逐渐成为水质监控的重要内容。

2. 传感器数据

1）实时监测数据：通过部署在水源地、水厂、管网等关键节点的水质传感器，实时采集水质数据。这些传感器能够提供高频率、高精度的监测数据，为智能监控提供基础支持。

2）传感器状态数据：包括传感器的运行状态、校准时间、数据传输状态等，用于评估传感器的可靠性，确保数据质量。

3. 地理信息数据

1）管网拓扑数据：包括管网的布局、管径、流向等信息，用于分析污染物的传播路径和范围。

2）地理坐标数据：结合 GIS 技术，将水质监测点与地理坐标关联，实现水质数据的空间可视化。

4. 气象与水文数据

1）气象数据：如降雨量、气温、风速等，这些数据对水质变化有重要影响，尤其是在暴雨等极端天气条件下。

2）水文数据：如水位、流量、流速等，用于评估水体的自净能力和污染物的稀释扩散情况。

5. 历史水质数据与污染事件记录

1）历史水质数据：用于分析水质的长期变化趋势，为模型训练提供丰富的数据支持。

2）污染事件记录：包括污染事件的发生时间、地点、污染物种类、处理措施等，这些数据有助于优化模型的异常检测和溯源能力。

5.3.2 技术路线

水质安全智能监控的目标是通过实时监测、智能分析和快速响应，确保水质安全，防范突发污染事件。以下是实现这一目标的技术路线。

1. 数据采集与融合

1）多传感器部署：在水源地、水厂、管网等关键位置部署多种类型的水质传感器，实时采集水质参数数据。

2）数据预处理：对采集到的数据进行清洗、校准和标准化处理，确保数据的准确性和一致性。

3）多源数据融合：利用 AI 模型分析水质参数之间的关联性，结合地理信息、气象数据等多源数据，实现数据的深度融合，提高水质监测的准确性。

2. 智能分析与预警

1）污染物检测与溯源：结合管网拓扑和污染物扩散模型，利用机器学习算法（如贝叶斯网络）快速定位污染源头，模拟污染物的传播路径。

2）异常检测：通过无监督学习算法（如自编码器、孤立森林）对水质数据进行实时分析，识别异常波动，及时发出预警。

3）边缘计算：将轻量化 AI 模型部署到边缘设备上，实现低延迟的水质分析和预警，提高响应速度。

3. 数字孪生与仿真决策

1）数字孪生体构建：利用数字孪生技术构建水处理工艺和管网系统的虚拟模型，实时反映系统的运行状态。

2）虚拟推演：通过数字孪生体进行虚拟推演，模拟极端场景（如暴雨、爆管）下的应急响应方案，优化决策流程。

3）人机协同决策：结合 AI 提供的智能建议和人类专家的经验，实现协同决策，提高决策的准确性和可靠性。

5.3.3　训练过程

水质安全智能监控系统的训练过程是确保系统准确性和可靠性的关键环节。以下是详细的训练过程。

1. 数据准备

1）数据收集：从历史数据库、实时传感器、气象站等多渠道收集水质参数数据、地理信息数据、气象与水文数据等。

2）数据标注：对历史水质数据进行标注，标记正常数据和异常数据（如污染事件），用于训练监督学习模型。

2. 模型选择与训练

1）多传感器数据融合模型：利用深度学习算法（如 CNN、Transformer）训练多传感器数据融合模型，提取水质参数之间的复杂关联。

2）异常检测模型：通过无监督学习算法（如自编码器）训练异常检测模型，使其能够自动识别水质数据中的异常波动。

3）污染物溯源模型：结合管网拓扑和污染物扩散模型，利用贝叶斯网络等因果推理模型训练溯源模型，快速定位污染源头。

3. 模型验证与优化

1）交叉验证：采用交叉验证的方法对模型进行验证，确保模型的泛化能力。

2）性能优化：根据验证结果，调整模型参数，优化模型性能。例如，通过调整神经网络的层数、节点数等参数，提高模型的准确性和效率。

3）实时更新：结合实时数据，定期更新模型，确保模型能够适应水质变化和新的污染模式。

5.3.4　应用效果

通过上述技术路线和训练过程，水质安全智能监控系统有望在以下几个方面得到提升。

1. 提升监测效率

1）实时监测与预警：通过多传感器融合和边缘计算技术，系统能够实现低延迟的水质分析和预警，监测效率显著提升。

2）污染事件快速响应：在某沿海城市的河流监测项目中，系统成功识别了多起突发污染事件，并协助环保部门及时采取措施，减少了污染扩散。

2. 降低运营成本

1）预测性维护：通过设备健康度评估和预测性维护策略，减少了设备故障率，降低了维护成本。

2）资源优化：通过数字孪生技术优化水处理工艺，降低了药剂投加量和能耗，提高了资源利用效率。

3. 提高决策科学性

1）智能决策支持：结合 AI 提供的智能建议和人类专家的经验，系统能够生成科学合理的决策方案，提高了决策的准确性和可靠性。

2）虚拟推演与优化：通过数字孪生体进行虚拟推演，优化应急响应方案，减少了极端场景下的损失。

水质安全智能监控是水务行业实现数字化转型的重要环节。通过关键数据的采集与融合、智能分析与预警、模型训练与优化，DeepSeek 技术为水质安全提供了全方位的保障。在实际应用中，该系统不仅提升了监测效率、降低了运营成本，还提高了决策的科学性和公众信任度，为水务行业的可持续发展奠定了坚实基础。

5.4 案例：中核环保科技有限公司的水务智能化改造

5.4.1 案例背景

中核环保科技有限公司作为中国核工业集团旗下的专业化环保水务企业，运营着多个污水处理厂和水务项目，覆盖我国东北部地区和东南沿海地区。随着城市化进程的加快和环保要求的提高，传统的污水处理模式已难以满足高效、低成本、智能化的运营管理需求。公司面临的主要挑战包括以下几个方面。

1）效率与成本问题：污水处理过程中，污染物去除效率预测精度较低，优化控制成本较高且依赖人工经验管理，导致运营效率低下。

2）数据管理不足：现有数据采集系统老化，部分传感器失效，数据采集和分析能力不足，难以实现精细化管理。

3）突发问题处理：在面对突发污染事件时，处理方式不够科学，缺乏实时监控和预警能力，应急响应速度慢。

4）行业趋势与政策要求：国家政策对智慧水务的建设提出了明确要求，如《数字中国建设整体布局规划》和《国家水网建设规划纲要》，这些要求推动了水务行业向智能化、数字化转型。

为了应对这些挑战，中核环保科技有限公司决定引入 DeepSeek 技术，开发"污水厂厂长 AI 助手"，实现水务管理的智能化升级。

5.4.2　应用解决方案

1. 整体架构设计

中核环保科技有限公司构建了基于 DeepSeek 的水务智能化平台，涵盖数据采集、处理、分析和应用的全流程架构。平台分为基础设施层、数据管理层、模型平台层和智能应用层，通过物联网设备、边缘计算和高性能计算中心，实现了水务数据的实时采集和高效处理。

2. 数据采集与预处理

在污水处理厂的关键节点部署多种传感器，实时采集流量、压力、水质参数（如 pH、COD、BOD、氨氮等）数据。通过数据预处理技术，对异常值和缺失值进行处理，并进行归一化和数据增强，为模型训练提供高质量的数据。

3. 智能模型构建

基于 DeepSeek 的时序大模型和知识大模型，公司开发了智能水务系统。模型通过历史数据训练，能够学习和拟合输入/输出之间的复杂关系，并根据实时数据进行预测和优化。例如，模型可以预测污水处理过程中的关键参数（如药剂投加量、曝气量等），并提供优化建议。

4. 智能应用开发

公司开发了多个智能应用模块，包括生产调度智能化、视频监控预警、数据查询与分析、智能报表生成、专家问答系统等。这些模块通过自然语言处理和多模态交互技术，实现了对水务数据的实时监控、分析和决策支持。

5. 安全与应急管理系统

公司构建了安全知识库和应急管理系统，通过 AI 模型快速生成应急方案，提升了事故响应速度和处理效率。系统支持多终端访问，方便操作人员随时随地查询和使用。

5.4.3　应用效果

中核环保科技有限公司通过引入 DeepSeek 技术，成功实现了水务管理的智能化升级。项目不仅提升了运营效率和水质达标率，还降低了运营成本，增强了应急响应能力。这一案例为水务行业的数字化转型提供了宝贵的经验和参考，展示了 DeepSeek 技术在智慧水务领域的巨大潜力。

1. 运营效率提升

通过 DeepSeek 技术的应用，污水处理厂的整体运营效率提升了 15% 以上。AI 模型能够实时监控和优化处理参数，减少人工干预，提高处理效率。

2. 成本降低

智能化系统实现了药剂投加量的精准控制，降低了 10% 的药剂使用成本。同时，通过优化设备运行参数，减少了能耗，进一步降低了运营成本。

3. 水质达标率提高

AI 模型能够实时预测和优化处理参数，确保出水水质达标率提高到 95% 以上。系统通过智能监控和预警功能，及时发现和处理潜在问题，降低了水质超标的风险。

4. 应急响应能力提升

安全知识库和应急管理系统能够快速生成应急方案，应急响应时间缩短了 30%。系统支持多终端访问，方便操作人员随时随地查询和使用，提升了应急处理效率。

5. 知识积累与传承

通过专家问答系统和智能培训模块，公司积累了丰富的水务管理经验和技术知识。新员工可以通过系统快速学习和掌握操作技能，提升了团队的整体技术水平。

DeepSeek 在油气生产行业的应用路径探索

6.1　油气生产行业的特征

　　油气生产是一个高度复杂且技术密集型的工业过程，涵盖了从油气资源的勘探、开发到最终产品的加工和运输的全过程。这一过程不仅需要先进的技术支持，还需要多学科的协同合作以及对大量数据的精准管理和分析。油气生产行业在当今能源领域占据着举足轻重的地位，但同时也面临着诸多挑战，包括高风险、高投入、环境保护和安全生产等。以下是油气生产过程中一些显著的特征。

1. 高风险与高投入

　　油气开采和生产过程充满了各种潜在风险。例如，井喷可能导致大量油气无序喷出，不仅对设备和设施造成严重破坏，还可能引发火灾甚至爆炸，威胁到现场人员的生命安全。此外，油气泄漏还可能对周边环境造成不可逆转的污染，如土壤污染、水体污染和空气污染等，进而对生态系统和人类健康产生长期影响。与此同时，油气项目从前期勘探到开发和建设，需要投入巨额资金。这包括先进勘探设备的采购、复杂技术的研发、专业人员的培训以及基础设施的建设等。而且，油气项目的投资回报周期较长，通常需要数年甚至数十年才能收回成本并实现盈利，这对企业的资金实力和抗风险能力提出了极高的要求。

2. 多学科交叉

油气生产是一个高度综合的领域，涉及多个学科的知识和技术。地质学用于研究地下油气藏的分布和特性，帮助确定潜在的油气资源区域；地球物理学通过地震勘探等手段，为油气藏的定位和评估提供关键数据；石油工程学则专注于油气井的设计、钻探和开采技术，确保油气能够高效、安全地从地下提取出来。此外，化学工程学在油气加工和炼制过程中发挥重要作用，通过复杂的化学反应将原油转化为各种有价值的石油产品；机械工程学则为油气生产提供设备支持，包括钻机、泵、管道等的设计与维护。油气生产的每一个环节都需要这些学科的紧密配合，综合运用多种技术和方法，才能实现油气资源的高效勘探、开采、加工和运输。

3. 数据密集型

油气生产过程中会产生海量的数据，这些数据类型丰富且复杂。地质数据帮助了解地下岩层的结构和性质；地震数据用于分析地下油气藏的分布情况；生产数据记录油气开采的实时状态，如产量、压力、温度等；设备运行数据则用于监测设备的性能和故障情况。这些数据的采集、存储和管理需要强大的技术支持，同时，通过数据分析可以优化生产过程，提高生产效率，降低成本。例如，通过对历史数据的分析，可以预测设备故障，提前进行维护，避免生产中断；利用大数据技术可以优化油气井的开采策略，提高油气采收率。因此，数据在油气生产行业中不仅是记录生产过程的工具，也是提升生产智能化水平的关键资源。

4. 对环境和安全的严格要求

随着全球环保意识的不断增强，油气生产面临着日益严格的环境监管要求。油气开采过程中可能会对土壤、水体和空气造成污染，因此企业需要采取严格的环境保护措施，如采用清洁的开采技术、建设污水处理设施、实施生态修复等，以减少对环境的影响。同时，安全问题一直是油气行业的重中之重。油气生产涉及高压、高温、易燃易爆等危险环境，一旦发生安全事故（如井喷失控、火灾、爆炸等），不仅会造成巨大的经济损失，还可能危及人员生命安全，甚至引发社会恐慌。因此，油气行业必须严格遵守安全法规，建立完善的安全管理体系，加强人员培训和应急响应能力，确保生产过程的安全可靠。

6.2　DeepSeek 在油气井智能监控场景的应用路径

6.2.1　关键数据

在油气井智能监控场景中，数据是实现智能化管理和优化的核心资源。以下是几类关键数据及其在油气生产中的应用价值。

1. 生产数据

油气井的生产数据是监控系统的基础信息，主要包括油气产量、井口压力、井筒温度以及流体流速等实时参数。这些数据能够实时反映油气井的生产状态，帮助生产人员评估开采效率和资源利用率，从而为生产决策提供直接依据。

2. 设备运行数据

油气生产过程中涉及众多机械设备，如抽油机、电机和泵等。监控系统通过收集这些设备的运行参数（如抽油机的冲程与冲次、电机的功率消耗以及泵的运行效率等），能够实时监测设备的健康状况。基于这些数据，系统可以提前预测设备故障，优化运行策略，从而延长设备使用寿命，同时降低设备维护成本。

3. 地质数据

地质数据是油气生产优化的重要参考，主要包括地层压力、渗透率和孔隙度等参数。这些数据能够帮助地质学家和工程师深入了解油气藏的物理特性，评估油气藏的储量和开采潜力。通过对地质数据的分析，人们可以优化油气井的开采方案，提高油气采收率。

4. 环境数据

环境数据在油气生产中同样不可或缺，主要包括大气温度、风速、降雨量以及极端天气预警等信息。这些数据能够帮助生产团队提前预测恶劣天气对油气生产设施的影响，制定相应的应急预案，确保生产安全和设备的正常运行。例如，在强风或暴雨天气来临前，通过调整生产计划或采取防护措施，可以有效减少自然灾害对油气生产的干扰。

6.2.2　技术路线

在油气井智能监控场景中，技术路线的设计需要综合考虑数据采集、模型构建、异常检测以及决策支持等关键环节，以实现高效、智能的油气生产管理。以下是详细的技术路线描述。

1. 数据采集与融合

在油气井场部署多元化的传感器网络，涵盖生产、设备运行和环境监测等领域。这些传感器能够实时采集包括产量、压力、温度、设备运行参数以及气象条件等多维度数据。采集到的数据通过物联网技术传输至数据中心，并进行数据清洗、标准化和融合处理，为后续分析提供高质量的数据基础。

2. 构建智能监控模型

基于 DeepSeek 深度学习框架，结合油气井的历史数据和实时数据，构建智能监控模型。该模型能够对油气井的生产状态进行实时监测，并通过机器学习算法挖掘数据中的潜在规律，实现对未来生产趋势的精准预测。通过持续优化模型参数，确保其在复杂工况下的高准确性和可靠性。

3. 异常检测与预警

利用智能监控模型对数据进行实时分析，识别数据中的异常波动和潜在风险。一旦检测到异常情况（如设备故障、生产效率下降或环境风险），系统将自动触发预警机制，及时向操作人员发出警报。通过提前发现并处理潜在问题，能够有效降低风险，保障油气生产的连续性和稳定性。

4. 优化决策支持

基于智能监控模型的预测结果，为油气井的生产优化、设备维护和安全管理提供科学的决策支持。通过分析模型输出的生产趋势和风险评估，生产团队可以制定更加合理的生产计划、优化设备运行策略，并提前安排设备维护，从而提高生产效率、降低运营成本并提升整体生产效益。

6.2.3 训练过程

在油气井智能监控系统的开发中，模型的训练过程是实现精准监测和预测的关键环节。以下是详细的训练步骤。

1. 数据准备

首先对采集到的多源数据进行清洗和预处理，去除噪声和异常值，确保数据的完整性和一致性。同时，对数据进行标注，明确正常状态和异常状态的特征，为模型训练提供高质量的训练样本。这一过程是确保模型性能的基础。

2. 模型选择与训练

根据油气井监控任务的特点，选择适合的深度学习模型。例如，长短期记忆网络（Long Short Term Memory，LSTM）能够有效处理时间序列数据，适用于油气生产过程的动态监测；卷积神经网络（CNN）则在处理空间特征方面表现出色，可用于设备状态的图像识别。利用经过标注的数据对选定的模型进行训练，通过调整超参数优化模型性能。

3. 模型验证与优化

采用交叉验证等方法对训练好的模型进行性能评估，检验其在不同数据集上的准确性和泛化能力。根据验证结果，对模型进行调整和优化，例如调整网络结构、优化损失函数或重新选择超参数，以进一步提升模型的准确性和可靠性。

4. 实时更新与反馈

将经过验证和优化的模型部署到实际生产环境中，使其能够实时接收和处理现场数据。同时，建立模型的动态更新机制，根据实时数据反馈不断调整模型参数，使其能够适应油气井生产过程中的动态变化，确保模型在长期运行中保持高效和准确。

6.2.4　应用效果

油气井智能监控系统的应用效果显著，主要体现在以下几个方面。首先，通过实时监测和优化油气井的生产参数，系统能够精准调控生产过程，从而有效提高油气井的产量和生产效率。其次，系统能够及时发现设备故障和潜在风险，减少设备维修次数和维修成本。同时，通过对生产过程的优化，降低了能耗和物耗，进一步降低了运营成本。此外，系统通过提前预警潜在的安全风险，为安全决策提供了有力支持，显著降低了安全事故的发生概率，提升了油气生产的整体安全管理水平。最后，借助对环境数据的分析和预测，系统能够提前采取措施应对极端天气等环境因素对油气生产的影响，增强了油气生产对复杂环境的适应能力。

6.3   DeepSeek 在油气田智能开发场景的应用路径

6.3.1   关键数据

1. 地质与地球物理数据

地质与地球物理数据包括地震数据、测井数据、地质构造模型等。这些数据是油气田开发的基础，用于确定油气藏的位置、规模和特性。通过深度学习等技术，可对地震数据进行分析，预测油气储层分布。同时，结合测井数据和地质构造模型，能够构建更精准的三维地质模型，为设计开发方案提供基础。

2. 生产动态数据

生产动态数据涵盖油气田的产量、压力、含水率等，这些数据反映了油气田的生产动态和开发效果。利用大数据分析和机器学习方法，可对生产动态数据进行实时监测和分析，实现对井产量、采油速度、含水率等指标的预测，并制定针对性的调整措施。此外，基于深度学习的数据驱动历史拟合方法，能够更准确地预测油藏动态演化及开发全过程。

3. 开发工程数据

开发工程数据包括钻井数据、完井数据、注采数据等，这些数据用于优化油气田的开发方案和工程设计。通过整合钻井参数、压裂参数等数据，结合油藏数值模拟技术，可对开发方案进行优化调整，降低开发方案部署的盲目性。

4. 经济数据

经济数据包括开发成本、投资回报率等，这些数据对于评估油气田开发项目的经济效益具有重要意义。通过对经济数据的分析，结合其他关键数据，可以实现油气田开发方案的经济性评估和优化，从而提高项目的整体效益。

6.3.2　技术路线

1. 数据整合与建模

油气田智能开发的第一步是实现多源数据的整合与建模。通过将地质、地球物理、生产动态和开发工程等多源异构数据进行融合，构建全面的油气田开发数字孪生模型。这一过程利用先进的数据建模技术，如DeepSeek 的深度学习和大数据分析能力，实现对油气田开发过程的全面模拟和预测。数字孪生模型不仅能够实时反映油气田的物理状态，还能通过模拟不同开发场景，为后续优化提供数据支持。

2. 智能开发方案优化

基于数字孪生模型，运用强化学习、遗传算法、粒子群优化等智能优化算法，对油气田开发方案进行全面优化。优化内容包括井位部署、注采策略、开发顺序等关键环节，旨在提高油气田的采收率和经济效益。通过智能优化算法，能够快速处理复杂的非线性问题，同时考虑多目标和多约束条件，为开发方案提供科学依据。例如，利用机器学习模型代替传统的数值模拟，可以显著提高优化效率。

3. 实时监测与动态调整

借助物联网技术，可以实现对油气田生产动态和开发工程数据的实时监测。通过传感器网络和数据采集系统，实时获取产量、压力、含水率等关键参数，并将这些数据与数字孪生模型的预测结果进行对比分析。基于实时数据反馈，系统能够动态调整开发方案和生产参数，确保油气田开发过程的高效性和稳定性。这种智能化管理方式不仅提高了开发效率，还降低了生产风险。

4. 经济与环境效益评估

在油气田开发过程中，经济与环境效益的综合评估至关重要。通过构建经济模型和环境影响评价体系，对开发项目的投资回报率、开发成本、碳排放等指标进行全面分析。利用大数据分析技术，结合智能优化算法，能够在开发方案的设计阶段就对经济效益和环境影响进行量化评估。这种综合评估方法不仅为决策提供了科学依据，还确保了油气田开发在经济可行性和环境可持续性之间的平衡。

通过以上技术路线的实施，油气田智能开发能够实现从数据驱动到智能决策的转变，推动油气田开发向高效、智能、绿色的方向发展。

6.3.3　训练过程

1. 数据准备

在油气田智能开发中，数据是模型训练的基础。数据准备阶段需要对整合后的多源数据进行深度清洗、标准化和标注，确保数据的准确性和一致性。这些数据来源广泛，包括地质勘探数据、设备运行参数、生产动态信息等。通过数据清洗去除噪声和异常值，标准化处理使不同来源的数据具有可比性，而标注则为模型训练提供明确的指导。高质量的数据集是模型性能提升的关键，因此需要投入大量精力构建高质量的训练数据集。

2. 模型训练与验证

选择适合油气田开发的深度学习模型是智能开发的核心。常用的模型包括生成对抗网络（GAN）和图神经网络（Graph Neural Network，GNN）。GAN 可用于生成高精度的油藏模型，帮助预测油藏的动态演化；GNN 则适用于处理油气田复杂的拓扑结构和多源数据关系。在模型训练过程中，利用训练数据集进行多轮迭代优化，通过交叉验证等方法评估模型性能，确保其在不同场景下的稳定性和准确性。

3. 模型部署与更新

模型训练完成后，将其部署到油气田开发的实际应用中。部署过程需要考虑模型的实时性和可扩展性，以适应油气田开发过程中的动态变化。

同时，基于实时采集的生产数据，模型需要不断更新和优化。例如，通过数字孪生技术构建的油藏模型可以实时反映当前时刻的油田开发状态，并根据新数据动态调整。这种持续更新的机制能够有效提升模型对复杂工况的适应能力。

4. 效果评估与反馈

定期评估模型的应用效果是智能开发闭环机制的重要环节。通过对比模型预测结果与实际生产数据，可以分析模型在油藏动态预测、生产优化等方面的准确性。根据评估结果，对模型进行优化调整，并结合专家知识进一步完善开发方案。此外，还需要建立反馈机制，将生产过程中发现的问题及时反馈到模型训练环节，形成闭环优化流程，以确保油气田开发的智能化水平不断提升。

6.3.4　应用效果

油气田智能开发通过整合大数据、人工智能和数字孪生技术，实现了从数据采集到生产决策的全流程智能化管理，显著提升了油气田的开发效率和经济效益。首先，智能开发技术能够显著提高油气田的采收率。通过深度学习算法对地震数据、测井数据和生产数据进行融合分析，开发团队能够更精准地识别油气储层分布，并优化生产策略，从而延长油气田的生产寿命。其次，智能开发通过优化开发方案和减少不必要的钻井工程，显著降低了开发成本。例如，利用大数据分析和机器学习算法，开发团队可以精准预测油气藏的开发潜力，避免盲目钻井，同时通过智能化的生产管理系统优化设备维护计划，降低设备故障率，进一步降低了运营成本。

此外，油气田智能开发实现了开发过程的高效协同和科学决策。通过建立统一的数字平台，可以整合地质、工程和生产等多学科数据，开发团队能够实时共享信息，提高了决策的科学性和效率。例如，基于大数据分析的生产运营一体化模式，使油藏、采油工艺和生产作业等专业人员能够在同一平台上协同工作，显著提升了分析和决策的效率。同时，智能井反馈控制技术的应用，使团队能够实时调整生产参数，进一步优化了生产过程。

在环境友好性方面，油气田智能开发也取得了显著成效。智能开发技术通过优化开发方案和减少不必要的工程活动，降低了对生态环境的影响。例如，利用智能优化算法设计的开发方案，能够减少土地占用和水资源消耗，同时降低了温室气体的排放。此外，智能化的生产管理系统能够实时监测环境数据，及时发现并处理潜在的环境风险，确保油气田开发与环境保护的协调发展。总体而言，油气田智能开发不仅提升了油气田的采收率和经济效益，还显著提高了开发效率和环境友好性，为油气行业的可持续发展提供了有力支持。

6.4　案例：某石油研究院的钻井风险优化

6.4.1　案例背景

某石油研究院专注于油气钻井、完井、测录试、储层改造等领域的技术研发与服务。随着全球能源转型的加速，石油勘探开发面临着更高的安全、高效和可持续发展要求。传统钻井作业中，井喷、井漏、卡钻等风险频发，这不仅威胁作业人员的安全，还导致巨大的经济损失和环境破坏。

为应对这些挑战，该研究院启动了"钻井风险优化大模型"项目，旨在通过 DeepSeek 技术实现钻井风险的精准预测和动态优化，以提升钻井效率和安全性，降低运营成本。该项目结合了人工智能、大数据和工业物联网技术，致力于打造一个智能化的钻井风险管理系统。

6.4.2　应用解决方案

为了实现钻井作业的智能化与高效化，我们提出了一套完整的应用解决方案，涵盖数据收集与预处理、模型构建与训练、智能应用开发以及部署与维护四大环节。

1. 数据收集与预处理

数据是智能化钻井系统的核心基础。我们整合了钻井工程数据、录井实时数据、地质数据以及历史事故记录等多源数据，形成了全面的钻井知识库。这些数据来源广泛且复杂，包括井深、钻井液性能、地层压力、岩石硬度等多种参数。在数据处理阶段，我们对收集的数据进行清洗、格式转换和特征工程，确保数据的准确性和一致性。例如，通过数据归一化处理，将不同来源的数据统一到相同的量纲，以便后续模型能够高效处理。

2. 模型构建与训练

基于 Transformer 架构，我们构建了时序大模型，并利用掩码时间序列预测任务进行预训练，学习时间序列的内在模式和结构。预训练模型能够捕捉钻井过程中的复杂动态关系，为后续优化提供基础。在此基础上，结合具体的钻井风险优化任务进行微调，通过标注的历史数据，训练模型识别潜在风险，如井喷、井漏等。这种"预训练 + 微调"的方式不仅提高了模型的泛化能力，还显著提升了训练效率。

3. 智能应用开发

开发智能监控系统是实现钻井智能化的关键环节。系统实时采集井下和地面的多源数据，并结合模型预测结果，提前发出风险预警。例如，地层压力异常工况报警平台能够实时监测地层压力变化，一旦发现异常，立即发出告警，为钻井作业提供及时的安全预警。此外，利用模型的预测能力，系统还可以动态调整钻井参数（如钻压、转速、排量），优化钻井效率。例如，根据岩石硬度调整钻压，避免钻压过大导致钻头磨损；同时根据岩层可钻性系数优化钻速，确保高效钻进。

4. 部署与维护

为了满足现场实时监控和预警的需求，我们将训练好的模型轻量化部署到边缘计算设备上。这种部署方式不仅降低了延迟，还提高了系统的响应速度，确保模型在复杂工况下也能够及时做出决策。同时，我们采用持续优化策略，定期更新模型，结合新的钻井数据和事故记录，进一步优化模型性能。例如，通过物联网技术实现"静态＋实时"数据的集成，为模型提供了持续的数据支持。

通过以上的解决方案，我们不仅实现了钻井风险的精准预测和动态优化，还推动了石油钻井行业的智能化转型。

6.4.3　应用效果

通过 DeepSeek 技术的应用，该研究院成功开发了钻井风险优化大模型，实现了钻井风险的精准预测和动态优化。在实际应用中，该技术显著提升了钻井效率，通过动态优化钻井参数，钻井效率提高了15%。例如，在某深海钻井项目中，利用模型优化钻压和转速，显著缩短了钻井周期。同时，实时风险预警系统减少了井喷、井漏等事故的发生率，降低了事故处理成本。通过提前预警井漏风险，避免了潜在的经济损失。此外，模型提供了科学的决策支持，帮助工程师根据实时数据和预测结果调整钻井策略。在复杂地质条件的钻井作业中，模型的建议显著提高了钻井成功率。该项目不仅提升了钻井效率和安全性，还降低了运营成本，增强了决策的科学性。更重要的是，它为石油钻井行业树立了智能化转型的标杆，推动了人工智能技术在油气勘探开发中的广泛应用。

第 7 章 | Chapter 7

DeepSeek 在低空经济行业的应用路径探索

7.1 低空经济行业的特征

低空经济作为一种新兴的综合性经济形态，具有空间多维性、产业整合性、技术经济性、应用场景多样化、产业链条长、政策法规依赖性、市场潜力巨大、安全与隐私挑战以及对基础设施的高需求等特征。这些特征不仅决定了低空经济在多领域的广泛应用前景，也使其成为未来经济增长的重要引擎。低空经济行业融合了航空技术与信息化技术，以保障航空器在低空安全稳定地飞行，并实现高效监控与数据传输。低空经济的应用场景丰富多样，广泛渗透于交通、农林、文旅、应急救援等领域，提供从城市空中通勤到灾害救援等各类服务。同时，低空经济行业对法规政策极为敏感，严格的空域管理与安全监管贯穿始终。低空经济的产业带动性强，既能推动上游制造业的技术升级，又能促进下游多种应用领域的创新发展。此外，它的发展潜力巨大，市场需求增长迅速，技术创新空间广阔，有望在诸多新兴技术的推动下实现更深远的拓展。然而，低空经济的发展也面临着诸多挑战，需要通过技术创新、政策支持、基础设施建设等多方面的协同推进，以实现安全、高效和可持续的发展。

低空经济行业的特征主要有（包括但不限于）以下几个方面。

1. 空间多维性

低空经济围绕低空空域（通常指地面以上，1000m 以下）这一立体化空间展开，既包括低空飞行活动，又需要与地面空间资源协同联动。低空制造、低空保障与综合服务主要在地面运作，为低空飞行提供支持，形成完整的生态体系。

2. 产业整合性

低空经济具有跨领域带动相关产业发展的特性，涵盖无人机技术、智能制造、物流运输、旅游休闲等多个领域。通过低空飞行活动与地面产业的结合，可以实现资源的高效配置和利用，带动上下游及相关产业发展。

3. 技术经济性

低空经济在技术和经济效益方面展现出显著优势。新能源航空动力技术、无人驾驶技术和新一代信息技术的持续发展，使低空经济在效率、能耗和环境适应性上具备较强的竞争力。这些技术不仅提升了低空飞行的安全性和操作效率，还降低了运营成本。

4. 应用场景多样化

低空经济的应用场景丰富，涵盖交通出行、物流配送、农业植保、应急救援、城市管理、旅游观光等。

5. 产业链条长

低空经济包括低空制造、低空飞行、低空保障以及综合服务四个方面，涉及飞行器研发制造、飞行活动运营、空域管理、基础设施建设、金融服务等多个环节，形成了完整的产业链。

6. 市场潜力巨大

低空经济被视为未来经济增长的重要引擎，具有高成长性和广阔的应用前景，其市场规模有望在未来几年内突破万亿级别，成为城市和区域经济发展的重要增长极。

这些特征共同构成了低空经济行业的独特属性和发展趋势，也为相关技术的应用提供了广阔的空间和机遇。

7.2 DeepSeek 在应急救援场景的应用路径

7.2.1 关键数据

应急救援场景需要整合多维度的数据源，包括气象数据、地形数据、灾害现场实时视频、传感器数据以及历史救援案例等。这些数据被用于构建全域风险信息池，为风险评估、路径规划和决策支持提供基础。

1. 地理信息数据

地理信息数据涵盖受灾区域的地形地貌、道路分布、建筑布局等详细信息。高精度的数字高程模型数据能够准确反映地形起伏，帮助规划低空飞行器的安全飞行路线，避免因地形复杂导致的碰撞。例如，在山区地震救援中，可依据地理信息数据规划出避开山峰、山谷的安全航线。

2. 实时灾情数据

实时灾情数据是由无人机、卫星遥感等设备实时采集的数据，包括受灾范围、火灾蔓延趋势、洪水淹没区域变化等动态信息。例如，无人机搭载的热成像相机可以获取火灾现场的温度分布数据，这能直观显示火势大小和蔓延方向。

3. 人员信息数据

人员信息数据包含受灾群众的分布情况、预估人数以及被困人员的大致位置等信息。这些数据可能来自灾区周边居民的报告、救援人员的初步勘察反馈以及手机基站的定位数据等。

4. 救援资源数据

救援资源数据涉及救援物资储备量、种类、运输工具（直升机、大型无人机等）的数量、性能参数以及救援人员的数量、专业技能等。例如，救援直升机的续航里程、载重能力等参数，对于规划物资投放和人员转运至关重要。

7.2.2　技术路线

1. 技术层面

1）数据采集与传输：利用低空无人机搭载的多种传感器（如高清摄像头、红外热成像仪、气体传感器等）采集灾区现场数据。通过 5G、卫星通信等通信技术，将采集到的数据实时传输至数据处理中心，确保数据的时效性。

2）数据预处理：对采集到的原始数据进行清洗、去噪、格式转换等预处理操作。

3）DeepSeek 大模型的应用：运用 DeepSeek 大模型底座进行图像识别、数据分析、智能决策等功能。在图像识别方面，模型对无人机拍摄的灾区图像进行分析，识别建筑物损毁程度、人员被困迹象等；在数据分析方面，模型综合各类数据预测灾情发展趋势；智能决策模块根据资源数据和灾情分析结果，生成救援方案建议，如确定最佳的物资投放点和救援人员调度方案。

4）结果反馈与调整：将 DeepSeek 大模型生成的救援方案实施效果反馈给模型，模型根据实际情况进行优化调整。例如，如果物资投放后发现部分区域未覆盖，那么模型可重新规划投放路线。

2. 运用层面

1）智能接警与调度：通过自然语言处理和语音识别技术，DeepSeek

能够从报警语音中快速提取关键信息并自动生成接警单，显著提升响应效率。

2）动态风险建模：利用多模态感知和时空推理技术，DeepSeek 可以模拟复杂场景下的风险演化路径，为应急预案提供动态决策支持。

3）路径规划与自主导航：结合无人机的自动驾驶系统和 DeepSeek 的 AI 算法，实现灾害现场的快速侦察、物资投放和救援路径优化。

4）离线运行能力：DeepSeek 在设备上进行本地化部署，能够在网络受限的环境中高效运行，为现场救援提供实时数据分析和故障诊断。

7.2.3　训练过程

在针对应急救援场景训练 DeepSeek 大模型的过程中，首先，广泛收集涵盖地震、洪水、火灾等不同类型灾害的历史数据，包括现场图像、地理信息和救援记录等，并对其进行细致的人工标注，明确建筑物损毁区域、人员被困位置等关键信息，并以此构建准确的样本数据集。其次，依据应急救援任务特性挑选适配的深度学习模型架构，并针对数据特点对模型进行初始化设置与参数调整。再次，将标注好的数据输入模型开展训练，运用交叉验证方法评估模型性能，借助随机梯度下降等优化算法持续优化模型参数，从而降低预测误差，提升模型的准确性与泛化能力。最后，使用未参与训练的测试数据集对训练完成的模型进行全面评估，通过实际案例检验生成的救援方案的可行性与有效性，并据此进一步优化改进模型，以确保其能在应急救援场景中发挥最佳效能。

1）数据收集与标注：收集大量历史灾害数据，包括不同类型的灾害（地震、洪水、火灾等）的现场图像、地理信息、救援记录等。对这些数据进行人工标注，在图像中标注出建筑物损毁区域、人员被困位置等，为模型训练提供准确的样本数据。

2）训练与优化：将标注好的数据输入模型进行训练，采用交叉验证等方法评估模型性能。在训练过程中，运用随机梯度下降等优化算法不断调整模型参数，降低模型预测结果与实际标注之间的误差，提高模型的准确性和泛化能力。

3）模型评估与验证：使用未参与训练的测试数据集对训练好的模型进行评估，检查模型在不同场景下的性能表现。通过实际案例，验证模型生成的救援方案的可行性和有效性，并对模型进行进一步的优化和改进。

7.2.4　应用效果

在应急救援场景应用 DeepSeek 大模型的效果主要包含以下几个方面。

1）提高灾情评估准确性：DeepSeek 大模型能够快速、准确地分析海量数据，对受灾范围、建筑物损毁程度、人员伤亡情况等做出精准评估，为救援决策提供可靠依据。例如，相比人工评估，DeepSeek 大模型能在短时间内将灾情评估准确率提高。

2）优化救援资源调配：根据模型生成的救援方案，合理安排救援物资的投放和救援人员的调度，避免资源浪费，提高救援效率。例如，通过优化物资投放路线，可以使物资送达时间缩短。

3）增强救援决策科学性：借助 DeepSeek 大模型的智能分析和预测能力，救援指挥中心能够提前制定应对措施，科学规划救援行动。例如，在洪水灾害中，模型可以提前预测洪水淹没区域，提前转移受灾群众，减少人员伤亡。

4）提升应急响应速度：DeepSeek 大模型能在极短时间内完成从数据采集到生成救援方案，大大缩短了应急响应时间，为挽救生命和减少财产损失争取了宝贵时间。

5）增强决策科学性：DeepSeek 大模型的动态风险建模和多模态感知技术为应急指挥提供了科学依据，提升了决策的精准性和可靠性。

7.3　DeepSeek 在农林作业场景的应用路径

7.3.1　关键数据

在低空经济农林作业场景应用 DeepSeek 大模型时，关键数据包括以下几个方面。①农田 / 林区地理信息数据：例如高精度地图涵盖地形地貌、土壤类型与水系分布，助力无人机规划安全路线并判断作物适宜生长区。②农作物 / 树木生长数据：通过无人机搭载的设备采集株高、病虫害症状等信息，用于判断作物健康状况。③气象数据：例如实时的气温、湿度等，这些显著影响农林作业，植保无人机可以据此调整灌溉施肥计划。④历史作业数据：记录过往农药使用、林业监测情况等，为 DeepSeek 大模型学习最优作业模式和预测未来趋势提供参考。

1. 农田 / 林区地理信息数据

农田 / 林区地理信息数据包含地形地貌、土壤类型分布、水系分布等信息。精确的地形数据有助于植保无人机或监测无人机规划安全、高效的飞行路线，避免因地形起伏造成的碰撞；土壤类型信息可以辅助判断农作物或树木的适宜生长区域，为精准作业提供基础。

2. 农作物 / 树木生长数据

农作物 / 树木生长数据涵盖农作物的株高、叶面积、病虫害症状表现等，以及树木的胸径、树高、冠幅、生长态势等数据。这些数据通过无人机搭载的多光谱相机、高分辨率摄像头等设备采集，反映了农林作物的实时生长状况，是判断健康程度和实施相应作业的重要依据。

3. 气象数据

气象数据包括实时的气温、湿度、光照强度、降水情况等气象信息。气象条件对农林作业影响显著，例如高温干旱可能导致农作物缺水，此时植保无人机可以根据气象数据调整灌溉或施肥计划；湿度大时易滋生病虫害，需要及时利用无人机进行病虫害的监测与防治。

4. 历史作业数据

历史作业数据包括植保作业的农药使用种类、剂量、喷洒时间，以及林业资源监测的周期、发现的问题及处理措施等。历史作业数据为 DeepSeek 大模型学习最优作业模式和预测未来趋势提供了参考，有助于不断优化当前的作业流程。

7.3.2　技术路线

在低空经济农林作业场景中，首先，利用低空无人机搭载的多光谱相机、高分辨率摄像头、气体传感器等设备采集农作物 / 树木生长状况、病虫害症状、林区有害气体浓度等数据，同时从气象站或数据接口获取气象数据。其次，借助 5G、卫星通信等通信技术将大量数据实时传输至数据处理中心。再次，对原始数据进行清洗去噪、格式转换和图像增强，使其符合 DeepSeek 大模型的输入要求。然后，运用 DeepSeek 的图像识别与数据分析能力，结合地理、气象和历史作业数据生成精准作业方案。最后，将方案传输至无人机执行系统，开展植保、灌溉等作业，并收集作业效果数据反馈给模型，以优化后续方案。

1. 数据采集

利用低空无人机搭载的各类传感器进行数据采集，如多光谱相机用于获取农作物或树木的光谱特征以分析生长状况，高分辨率摄像头捕捉病虫害症状图像，气体传感器检测林区有害气体浓度等。同时，通过气象站或气象数据接口实时获取气象数据。

2. 数据传输

借助 5G、卫星通信等高速稳定的通信技术，将无人机采集到的大量数据实时传输至数据处理中心，确保数据的及时性，以便能根据最新情况迅速做出决策。

3. 数据预处理

对采集到的原始数据进行清洗，去除噪声、异常值；进行格式转换，使其符合 DeepSeek 模型的输入要求；对图像数据进行增强处理，提高图像清晰度和辨识度，便于后续分析。

4. DeepSeek 大模型处理

运用 DeepSeek 的图像识别技术识别农作物病虫害类型、树木生长异常情况；利用数据分析能力，结合地理信息数据、气象数据和历史作业数据，预测病虫害发展趋势、农作物需肥需水情况等。根据分析结果生成精准的作业方案，例如植保无人机的农药喷洒方案、林业监测无人机的巡检重点区域规划等。

5. 作业执行与反馈

将 DeepSeek 生成的作业方案传输至无人机执行系统，控制无人机进行植保、灌溉、施肥或林业资源监测等作业。作业完成后，收集实际作业效果数据，并反馈给 DeepSeek 大模型，用于优化后续作业方案。

7.3.3 训练过程

在训练用于农林作业场景的 DeepSeek 大模型时，首先，广泛收集不同地区、作物及树种的农林作业图像、地理信息数据、气象数据和历史作业数据等，人工标注图像中的病虫害类型、生长异常部位，整理标记其他数据以形成训练样本。其次，依据场景特点和需求，选择如卷积神经网络这类适配的深度学习模型架构，并初始化设置、调整参数以适应农林数据。再次，将标注数据分批输入模型训练，用交叉验证评估性能，借助随机梯度下降算法优化参数，降低预测误差，提升分析和预测能力。最后，利用未参与训练的测试数据集全面评估模型在病虫害识别、生长预测等任务的性能，通过实际农林作业案例验证作业方案的可行性，进一步优化改进模型。

1. 数据收集与标注

广泛收集不同地区、不同作物/树种的农林作业数据，包括图像、地理信息数据、气象数据和历史作业数据等。对图像数据进行人工标注，明确病虫害类型、生长异常部位等；对其他数据进行整理和标记，形成有价值的训练样本。

2. 模型选择与初始化

根据农林作业场景的特点和需求，选择合适的深度学习模型架构，如卷积神经网络（CNN）可以用于图像识别任务。对模型进行初始化设置、参数调整，以适应农林数据的特征和分布。

3. 训练与优化

将标注好的数据分批输入模型进行训练，采用交叉验证等方法评估模型性能。在训练过程中，运用随机梯度下降等优化算法不断调整模型参数，降低模型预测结果与实际标注之间的误差，提高模型对农林数据的分析准确性和预测能力。

4. 模型评估与验证

使用未参与训练的测试数据集对训练好的模型进行全面评估，检查模型在不同场景下对病虫害识别、生长预测等任务的性能表现。通过实际农林作业案例，验证模型生成的作业方案的可行性和有效性，对模型进行进一步的优化和改进。

7.3.4 应用效果

低空经济农林作业场景借助 DeepSeek 强大的图像识别能力，提高了病虫害识别准确率，有力支撑了精准防治；通过分析农作物生长和气象等数据，指导了植保无人机的精准施药、施肥、灌溉，减少了农药使用量，还保障了农作物的增产提质；在林业资源监测中，模型能依据历史和实时数据提前数天至数周预测病虫害蔓延和火灾隐患，优化巡检方案，缩短了林区监测时间。总体上，DeepSeek 的应用实现了农林经济效益的提升，使农民增收，同时有效维护了森林资源的生态平衡，推动了农林产业的可持续发展。

1. 提高病虫害识别准确率

DeepSeek 凭借强大的图像识别能力，能够准确识别农作物和树木的病虫害类型，相比传统人工识别或简单图像分析工具，提高了准确率，为及时、精准防治提供了有力支持。

2. 实现精准作业

根据对农作物生长状况和气象等数据的分析，DeepSeek 可以指导植保无人机精准施药、施肥、灌溉，避免了资源浪费，降低了农业生产成本，减少了农药使用量，同时保证了农作物产量的稳定增长，提升了农产品质量。

3. 提前预警与高效监测

在林业资源监测中，DeepSeek 能通过分析历史数据和实时监测数据，提前预测病虫害蔓延趋势和森林火灾隐患，预警时间可提前数天至数周。另外，利用优化的巡检方案，可以提高林业的监测效率。

4. 提升农林经济效益和生态效益

通过精准作业和高效监测，提高了农产品的产量和质量，增加了农民的收入；在林业方面，有效保护了森林资源，维护了生态平衡，促进了农林产业的可持续发展。

5. 提升作业效率

DeepSeek 赋能农业无人机的智能作业，优化了作业路径，减少了能耗,提高了作业精度。

6. 智能决策支持

通过整合多维度数据,DeepSeek 为农户提供了科学的种植建议,帮助规避了极端天气风险,提升了单产水平。

7.4 DeepSeek 在物流运输场景的应用路径

7.4.1 关键数据

在低空经济物流运输场景应用 DeepSeek 时,关键数据涵盖以下几个方面。①物流订单数据:包含订单数量、包裹重量体积、收件人地址及配送时间要求等,是规划运输任务的基石,用于确定飞行器型号与配送区域路线。②飞行器性能数据:如续航里程、载重能力等参数,直接决定物流配送的范围和效率。③地理信息数据:其中的高精度地图包含地形地貌、禁飞区等信息,助力规划安全高效的飞行路线。④实时交通与天气数据:可以让飞行器避开拥堵和恶劣天气,保障飞行安全与效率。⑤物流设施数据:帮助合理安排货物存储和中转,优化配送流程。

1. 物流订单数据

物流订单数据涵盖订单数量、包裹重量与体积、收件人地址、配送时间要求等详细信息。这些数据是规划物流运输任务的基础,如根据包裹重量和体积选择合适的无人机或飞行器型号,依据收件人地址确定配送区域和大致路线。

2. 飞行器性能数据

飞行器性能数据包括无人机、电动垂直起降飞行器(electric Vertical Take-Off and Landing,eVTOL)等飞行器的续航里程、载重能力、飞行速度、最大飞行高度等参数。飞行器的性能直接影响物流配送的范围和效率，例如续航里程决定了一次配送的最大距离，载重能力限制了可搭载包裹的重量。

3. 地理信息数据

地理信息数据包含地形地貌、道路分布、建筑物位置、禁飞区与限飞区分布等。准确的地理信息数据可以帮助规划安全、高效的飞行路线，避开复杂地形和限制区域，确保飞行器顺利抵达目的地。

4. 实时交通与天气数据

实时交通数据可以让飞行器避开地面交通繁忙区域，避免因等待或避让地面交通而浪费时间。天气数据（如风速、风向、降雨、能见度等）对飞行安全和效率影响巨大。强风可能影响飞行器的飞行稳定性，降雨和低能见度会降低飞行安全性，物流运输则需要根据这些实时数据调整飞行计划。

5. 物流设施数据

物流设施数据包含物流仓库、配送站点的位置、存储容量、装卸设备能力等信息。了解物流设施数据有助于合理安排货物存储和中转，优化物流配送流程，例如确定哪些仓库适合存放大型货物，哪些配送站点可作为飞行器的起降点。

7.4.2　技术路线

首先，通过物流信息管理系统、飞行器传感器、地理信息系统、交通监测系统和物流企业内部系统，分别收集物流订单、飞行器性能、地理信息、实时交通与天气以及物流设施数据，并借助 5G、卫星通信技术实时传输至物流数据处理中心。其次，对原始数据进行清洗、格式转换，对地理信息数据进行空间分析处理。再次，运用 DeepSeek 的数据分析、优化决策和图像识别功能，预测物流需求、规划最优运输方案。最后，将方案传输至飞行器控制系统执行配送，运输中实时监测反馈，配送完成后收集数据，用于优化后续方案。

1. 数据采集与传输

通过物流信息管理系统收集物流订单数据，利用飞行器自身传感器获取其性能数据，从地理信息系统（GIS）获取地理信息数据，借助交通监测系统和气象部门接口获取实时交通与天气数据，通过物流企业内部系统获取物流设施数据。采用 5G、卫星通信等高速通信技术，将这些数据实时传输至物流数据处理中心，确保数据的及时性和准确性。

2. 数据预处理

对采集到的原始数据进行清洗，去除噪声、错误数据和重复数据；对数据进行格式转换，使其符合 DeepSeek 大模型的输入要求；对地理信息数据进行空间分析和处理，提取与物流运输相关的关键信息，如生成适合飞行器飞行的路径网络。

3. DeepSeek 模型应用

综合运用 DeepSeek 的数据分析、优化决策和图像识别等功能模块。在数据分析方面，综合各类数据预测物流需求趋势，例如根据历史订单数据和季节因素，预测不同时间段的包裹数量。通过优化决策功能，结合飞行器性能、地理信息、交通和天气数据，为每批货物规划最优的物流运输方案，包括选择合适的飞行器、确定飞行路线、安排配送顺序等。利用图像识别技术，帮助飞行器在复杂环境中识别配送地址和目标地点，如在密集的城市建筑群中准确找到收件人的位置。

4. 运输执行与反馈

将 DeepSeek 生成的物流运输方案传输至飞行器控制系统，控制飞行器按照规划路线执行配送任务。在运输过程中，实时监测飞行器的运行状态和位置信息，若有突发情况（如恶劣天气、飞行器故障），及时反馈给 DeepSeek 大模型，模型重新调整运输方案。完成配送后，收集实际配送时间、货物完好情况等数据，反馈给 DeepSeek 大模型，用于优化后续物流运输方案。

7.4.3　训练过程

训练应用于低空经济物流运输场景的 DeepSeek 模型时，首先，广泛收集涵盖成功与失败案例的历史物流运输数据，这些数据包含不同类型订单、飞行器运行状况、地理环境和天气条件等信息，并进行人工标注，如在订单数据中标注最优配送方案、在地理信息数据中标注飞行器起降点与危险区域、在图像数据中标注配送目标位置等，以此形成丰富准确的样本数据。其次，将标注数据分批输入模型训练，运用交叉验证评估性能，借助随机梯度下降等优化算法持续调整参数，降低预测误差，提升模型分析和决策优化能力，让模型预测的最优配送路线更贴合实际。最后，使用未参与训练的测试数据集全面评估模型在物流需求预测、运输方案规划等任务中的性能，通过实际物流运输案例验证方案的可行性与有效性，从而进一步优化改进模型，确保其在物流运输场景中发挥最佳效能。

1. 数据收集与标注

收集大量历史物流运输数据，包括成功和失败的配送案例，涵盖不同类型的订单、飞行器运行数据、地理环境和天气条件等。对数据进行人工标注，例如在订单数据中标注出最优配送方案（包括飞行器选择、路线规划等）；对地理信息数据标注出适合飞行器起降的地点、危险区域等；对图像数据标注出配送目标位置等。

2. 模型选择与初始化

根据物流运输场景的特点和需求，选择适合的深度学习模型架构，如循环神经网络（Recurrent Neural Network，RNN）或长短时记忆网络（LSTM）用于处理时间序列的物流订单数据，卷积神经网络（CNN）用于图像识别任务。对模型进行初始化设置，调整模型参数以适应物流数据的特征和分布。

3. 训练与优化

将标注好的数据分批输入模型进行训练，采用交叉验证等方法评估模型的性能。在训练过程中，运用随机梯度下降等优化算法不断调整模型参数，降低模型预测结果与实际标注之间的误差，提高模型对物流运输场景的分析准确性和决策优化能力。

4. 模型评估与验证

使用未参与训练的测试数据集对训练好的模型进行全面评估，检查模型在不同场景下对物流需求预测、运输方案规划等任务的性能表现。通过实际物流运输案例验证模型生成的运输方案的可行性和有效性，如在实际配送中测试模型规划的路线是否能按时、安全地完成配送任务。对模型进行进一步的优化和改进，确保其能在物流运输场景中发挥最佳效能。

7.4.4　应用效果

1）提高配送效率：通过 DeepSeek 优化物流运输方案，可大幅缩短配送时间。例如，在城市物流配送中，相比传统配送方式，DeepSeek 可以更精准地规划配送路线，从而大幅缩短配送时间，实现更快的货物送达，更好地满足客户对时效性的要求。

2）降低物流成本：精准的飞行器选型和路线规划，避免了不必要的飞行里程和能源消耗，降低了运输成本，同时减少了因配送错误、货物损坏等造成的额外成本。

3）提升配送准确性：利用 DeepSeek 的图像识别和数据分析能力，有效减少了配送误差，提高了配送准确性。在复杂环境下，可以减少货物错送、漏送等情况，提高了客户满意度。

4）增强物流灵活性：能够根据实时交通、天气和订单变化等情况，快速调整物流运输方案，增强了物流系统的灵活性和应对突发情况的能力。例如，在遇到恶劣天气时，可迅速重新规划路线，确保货物仍能按时配送，提高了物流服务的可靠性。

5）安全性增强：DeepSeek 通过实时监控和智能决策，提升了低空物流的安全性。系统能够提前预警潜在风险（如恶劣天气、空域限制变化），并提供优化的应对方案，确保了飞行安全。

6）绿色物流：DeepSeek 通过优化飞行路径和减少不必要的飞行，降低了碳排放，符合绿色物流的发展要求。

DeepSeek 赋能工业应用的展望

8.1 DeepSeek 对工业 AI 未来发展的影响

8.1.1 科技变革来临

人工智能的发展并非一蹴而就，而是经历了漫长且曲折的过程。大数据的不断积累、计算能力的不断跃升和算法的不断突破，共同创造了人工智能走向成熟并商业化应用的基础。

从 20 世纪 40 年代起，人工智能便踏上了探索之路。

1943 年，沃伦·麦卡洛克和沃尔特·皮茨提出人工神经网络的基本模型，为人工智能的发展奠定了理论基础。随后，图灵提出"图灵测试"，引发了人们对机器智能的思考。1956 年，达特茅斯会议（Dartmouth Conference）正式提出"人工智能"（Artificial Intelligence）术语，标志着这一领域的诞生。此后，人工智能经历了黄金时代、冬季时期、专家系统时代、第二次冬季时期、机器学习时代，直至如今的深度学习时代。特别是 2012 年，AlexNet 在图像分类比赛 ImageNet 上取得突破性成果，深度学习技术开始大放异彩，被广泛应用于语音识别、自然语言处理、图像识别等诸多领域，深刻改变了人们的生活与工作方式。

回顾人类历史，前三次工业革命无疑是推动社会进步和经济发展的重要里程碑。第一次工业革命始于 18 世纪 60 年代，以蒸汽机的广泛应用为标志，实现了工业生产从手工业向机械化的转变，纺织业和冶金业等传统产业得到极大发展，同时铁路和轮船的出现使交通运输更为便捷，推动了生产力发展和城市化进程。第二次工业革命发生在 19 世纪 70 年代至 20 世纪初，电力和内燃机的广泛应用是其标志，这一时期的工业生产更加高效，催生了化学工业、石油工业和汽车制造业等新兴产业，电力的普及改善了人们的生活质量，电话、电报等通信工具的出现也为全球化发展奠定了基础。第三次工业革命始于 20 世纪四五十年代，以电子计算机的发明和应用为核心，信息技术、生物技术和新材料技术等领域取得重大突破，互联网的诞生让信息传播和交流变得前所未有的便捷，自动化、智能化的生产方式逐渐成为主流，极大地提高了生产效率和产品质量。

如今，以人工智能为代表的新兴技术发展迅猛，预示着第四次科技革命即将来临，我们有幸正经历着人类历史上前所未有的科技发展大爆发时代。

为什么这么说呢？

作者曾经以《人类历史的三次文明突破：语言、文字和人工智能》为题撰文，系统介绍了三次文明突破带来的影响。这一次的科技革命也被公认为是自蒸汽机发明以来人类在脑力领域的重大革命。它不再仅仅是对体力的解放，更是对人类智力的拓展与延伸。人工智能技术的发展，使得机器能够模拟人类的思维和行为，承担起复杂的认知任务；量子计算有望带来计算能力的飞跃，解决传统计算机难以处理的复杂问题；基因技术则让人类有望攻克许多疑难杂症，甚至实现对生命的精准编辑；核聚变若取得突破，将为人类提供几乎无尽的清洁能源，彻底改变能源格局。以人工智能为引领，这些科技的叠加效应将为人类的进步带来前所未有的改变。

在这一背景下，一个充满科幻色彩的话题引发了广泛讨论：是否会产生硅基文明？

从科学角度来看，硅与碳是同族元素，最外层都有四个电子，具备形成复杂分子结构的潜力。宇宙中存在着许多环境条件与地球截然不同的行星，在那些高温高压或者低温高压的星球上，硅基生命或许有着比碳基生命更大的生存优势。一些科学家推测，在地球漫长的历史中，早期的环境可能更适合硅基生命的诞生与繁衍。甚至有人认为，在 20 亿年前，地球上可能曾存在过硅基文明，只是后来随着环境变迁才逐渐消失。当然，这些都很难去考证。

而如今，随着人工智能和芯片技术的发展，计算机芯片以硅为基础材料，它们是否会在未来进化出意识，形成一种全新的硅基文明形态呢？虽然目前这还只是一种大胆的猜想，但也并非毫无可能。毕竟，当机器的智能不断提升，具备了自我学习、自我进化的能力时，我们很难预测它们最终会走向何方。

无论这场科技革命最终是否会催生硅基文明，也无论人工智能是否会产生意识，一个不可否认的事实是，科技大变革的序幕已经徐徐拉开。未来，它将给人类社会带来难以估量的影响。在工业领域，DeepSeek 等人工智能技术的应用，将使生产过程更加智能化、自动化，大幅提高生产效率，降低生产成本，同时也将推动产业结构的深度调整与升级，催生新的产业和商业模式。在医疗领域，人工智能可以辅助医生进行疾病诊断、药物研发，甚至实现远程手术，为人类的健康带来更多保障。在交通领域，自动驾驶技术将改变人们的出行方式，提高交通安全性和效率。在教育领域，个性化的智能学习系统将根据每个学生的特点提供定制化的学习方案，提升教育质量。

然而，科技的进步从来都是一把双刃剑。随着人工智能的发展，也带来了一系列问题和挑战。例如，大量重复性工作可能被机器取代，导致部分人群失业；人工智能系统可能存在算法偏见，影响公平性；如果人工智能产生意识，如何确保它们与人类的价值观一致，避免对人类造成威胁？这些都是我们在享受科技带来的便利时，需要认真思考和解决的问题。

在这里，作者衷心希望科技是向善的，成为人类进步与和谐的强大助力。科技不应仅仅是冷冰冰的工具或追逐利益的手段，而应蕴含着温暖的人文关怀和深远的社会责任。

8.1.2　产业变革的机会与挑战

科技变革向来是产业变革的强大引擎，有了科技的进步，才会有产业的发展。回顾历史，前三次科技革命带来的产业变革影响深远。

第一次科技革命以蒸汽机的出现为标志，使纺织业从手工劳作迈向机械化生产，工厂如雨后春笋般涌现，规模化生产成为可能。传统的纺织工人被机器替代，大量劳动力从农村流向城市，城市化进程显著加快；第二次科技革命中，电力和内燃机的应用催生了汽车、飞机制造业，石油工业迅速崛起。福特汽车是此次工业革命中的标志性企业，其开创的流水线生产模式极大提高了汽车生产效率，降低了成本，使汽车从奢侈品变为大众消费品；第三次科技革命中，电子计算机和互联网技术的发展让信息产业成为主导产业，电子商务、社交媒体、在线教育等新兴业态蓬勃发展。阿里巴巴、京东、美团等电商平台彻底改变了人们的购物方式，使全球贸易也更加便捷高效。

如今，我们正迎来第四次工业革命。大模型是生产力工具。以大模型为代表的 AI 技术引领的科技革命，本质上是一场生产力革命，对工业领域的影响更是重大而深远。

AI 技术能实现生产过程的高度自动化和智能化。在生产线上，智能机器人和自动化设备可精准完成各种复杂任务，如汽车制造中的零部件焊接、电子产品的精密组装等，这不仅大幅提高了生产效率，还提升了产品质量的稳定性。通过对生产数据的实时分析，AI 系统可以及时发现生产过程中的异常和潜在问题，并做出智能决策，优化生产流程，降低生产成本。在供应链管理方面，AI 技术可以实现精准的需求预测、库存优化和物流调度，提高供应链的响应速度和灵活性，降低库存积压和物流成本。

在工业大模型领域，我国将领先世界。为什么这么说呢？

首先，我国是世界第一大的工业国，已经形成了规模最大、体系最全、竞争力较强的工业体系，制造业规模已连续 13 年居世界首位。背靠大市场，"水涨船高"，工业大模型也会有足够大的应用空间。其次，经过几十年的改革开放，我国拥有世界上最全的工业门类，容易形成规模效应和集群优势，我国做工业大模型产品，就具备了先发优势。再次，与一些发达国家相比，我国在工业大模型的研发上几乎是同时起步的。最后，我国在工程化能力方面表现出色，能够将先进的技术迅速转化为实际的生产力。我国的工程师团队具备丰富的实践经验和强大的执行力，能够在短时间内完成复杂的工程项目，实现技术的落地应用。

目前来看，与一些国际工业互联网巨头相比，我国工业大模型产品迭代和应用的速度也是齐头并进的。我国拥有市场优势，又有数据优势。将来，我国的工业大模型也会实现持续领先。

然而，我国在产业变革过程中也面临着严峻的挑战，尤其是来自美国的科技领域制裁。美国通过限制芯片、高端软件等关键技术和产品的出口，试图遏制我国科技产业的发展。这使得我国企业在获取先进技术和设备时面临重重困难，对工业 AI 的研发和应用造成了较大的阻碍。例如，一些依赖进口芯片的企业，由于芯片供应受限，生产能力受到严重影响，研发进度也被迫放缓。

为了应对这些挑战，我国必须加强底层创新，加大在基础研究和关键核心技术领域的投入，培养自主创新能力，掌握核心竞争力。只有这样，才能减少对国外技术的依赖，实现科技产业的自主可控发展。

我国应充分发挥自身的产业优势，加快 AI 技术在工业领域的应用。通过应用实践，不断积累数据和经验，反过来推动 AI 技术的研发创新，形成"应用 – 研发 – 创新 – 再应用"的良性闭环。同时，政府和企业应加强合作，共同营造良好的产业生态环境，促进 AI 技术与工业领域的深度融合。政府可以出台相关政策，鼓励企业加大对工业 AI 的投入，支持产学研合作，培养专业人才。企业则应积极参与国际合作与竞争，学习借鉴国外先进经验，提升自身的技术水平和创新能力。

8.1.3　工业智能的发展方向

工业人工智能的提法是最近几年才开始出现的，但是其发展速度在整个人工智能领域几乎是最快的。在科技飞速发展的当下，工业智能正朝着多个方向不断演进，展现出前所未有的发展态势。

第一，大模型自主决策、自主优化。

大模型在工业智能中的应用日益深入，正逐步实现自主决策与自主优化。以往，工业生产中的决策往往依赖人工经验和预设规则，效率较低且难以应对复杂多变的生产环境。而如今，随着深度学习和强化学习技术的不断发展，大模型能够实时分析海量的生产数据，包括设备运行状态、原材料质量、市场需求变化等，从而做出更加精准、高效的决策。例如，在化工生产中，大模型可以根据实时监测的反应参数，自动调整反应条件，确保产品质量的稳定性，同时提高生产效率，降低能源消耗。通过持续学习和自我优化，大模型能够不断适应新的生产需求和环境变化，为工业生产提供更加智能化的支持。

DeepSeek 强大的推理能力，也会加速这一发展。

第二，具身智能工厂。

2023 年 9 月，在智工 2.0 发布会上，中工互联于行业内率先提出了具身智能工厂这一前沿概念。结合智工系列产品，公司详细阐述了具身智能工厂的形成条件、核心构成要素以及技术框架体系。

我们认为，具身智能工厂理念应该遵循国际标准的"五层模型"构建，即设备层、自动化控制层、数据采集与监控层、生产执行层和决策层。而具身智能工厂的独特之处在于，其前三层——决策层、生产执行层和数据采集与监控层，均基于大模型进行了应用的重构与创新。自动化控制层则充当了"大脑"与设备之间的桥梁，实现了智能指令的精准传达。底层是设备层，作为具身智能工厂的基础支撑，为整个生产流程提供了坚实的硬件保障。中工互联的这一创新理念，为具身智能工厂的发展开辟了新的路径。

具身智能的概念逐渐兴起，为工业生产带来了全新的变革。具身智能强调智能体通过与物理环境的交互来实现智能行为，这一理念在工厂场景中的应用前景广阔。在未来的具身智能工厂中，机器人将不再仅仅是执行简单重复任务的工具，它们将具备更加灵活的感知和行动能力，能够与人类工人紧密协作，共同完成复杂的生产任务。以汽车制造业为例，人形机器人可以在生产线上自由移动，协助工人进行零部件的安装和调试，其精准的操作和高效的协作能力将大大提高生产效率。同时，具身智能机器人还能够根据不同的生产需求和环境变化，自主调整行动策略，实现生产过程的柔性化和智能化。

第三，人机智新型生产组织形态。

2024 年 6 月，人民网研究院在北京发布了《中国智能互联网发展报告（2024）》蓝皮书。在发布会上，中工互联首次创新性地提出了"工业大模型将助力人机智新型生产组织形态的产生"的重要观点。

随着工业智能的发展，人与机器之间的协作关系也在发生深刻变化，一种全新的生产组织形态——人机智应运而生。在这种新型生产组织形态下，人类的创造力、判断力和情感理解能力与机器的强大计算能力、精准执行能力和不知疲倦的工作特性得到了充分结合。人类工人主要负责处理复杂的、需要创造性思维的任务，如产品设计、工艺优化等；而机器则承担大量重复性、规律性的工作，如生产线上的装配、检测等。通过人机之间的紧密协作和高效沟通，生产效率和产品质量得到了显著提升。例如，在电子制造企业中，工程师利用虚拟现实技术与智能机器人协同工作，快速完成新产品的设计和原型制作，大大缩短了产品研发周期。

第四，基于 AI 重塑产业上下游，提高效率。

以 DeepSeek 为代表的 AI 技术的应用正在重塑产业上下游的关系，为提高整个产业链的效率带来了新的机遇。在供应链管理方面，AI 可以通过对市场需求、库存水平、物流运输等数据的实时分析，实现精准的需求预测和库存优化，避免库存积压或缺货现象的发生，降低供应链成本。同时，AI 还能够优化物流配送路线，提高物流效率，确保原材料和产品能够及时、准确地送达目的地。在生产制造环节，AI 技术的应用可以实现生产过程的智能化控制和优化，提高生产效率和产品质量。例如，通过对生产数据的实时监测和分析，AI 系统可以及时发现生产过程中的异常情况，并自动调整生产参数，避免生产事故的发生，提高生产的稳定性和可靠性。

第五，大模型驱动工业智能系统性发展——更智能、更绿色、更友好。

大模型的出现引发了工业智能的系统性发展，使工业生产变得更加智能、绿色和友好。在智能方面，大模型能够整合工业生产中的各种数据和知识，实现对生产过程的全面感知和深度理解，为智能化决策提供更加坚实的基础。通过对生产数据的深度学习，大模型可以预测设备故障、优化生产流程、提高产品质量，实现生产过程的智能化管理。在绿色方面，大模型可以通过优化能源管理和生产工艺，降低工业生产的能源消耗和环境污染。例如，在钢铁生产中，大模型可以根据实时的生产需求和能源价格，优化能源分配，提高能源利用效率，减少碳排放。在友好方面，大模型可以改善人机交互体验，使工业生产更加人性化。通过自然语言处理和语音识别技术，工人可以更加便捷地与智能设备进行交互，操作更加简单、直观，降低了工人的劳动强度，提高了工作效率。

8.1.4 工业智能对世界工业格局的影响

在这场由工业智能引领的第四次工业革命浪潮中，全球各国都站在了同一起跑线上，迎来了前所未有的发展机遇与挑战。

以 DeepSeek 为代表，我国在 AI 技术领域的卓越表现在这场角逐中占据了领先地位，尤其是与日韩及欧洲国家相比，我国的优势愈发明显。

从科研成果来看，我国在人工智能领域的论文发表数量和专利申请数量均位居世界前列。在产业应用方面，我国同样走在了世界的前列。以制造业为例，我国众多制造企业积极引入 AI 技术，实现了生产过程的智能化升级。

与此同时，工业智能的发展也为我国突破工业软件、工业控制等"卡脖子"领域提供了难得的契机。长期以来，我国在工业软件和工业控制领域一直依赖进口，核心技术受制于人。然而，随着工业智能的兴起，新的技术变革为我国企业提供了"换道超车"的机会。在工业软件方面，我国企业加大研发投入，积极探索自主创新之路。在工业控制领域，我国企业也在不断努力实现技术突破。通过将 AI 技术与工业控制相结合，提高了控制系统的智能化水平和自主可控能力。

我国完善的产业基础为工业智能的应用和迭代提供了得天独厚的场景优势。我国拥有全球最完整的工业体系，涵盖了从原材料生产、零部件制造到终端产品组装的各个环节。这种全产业链优势使得我国在工业生产中具有强大的韧性和协同能力，能够快速响应市场需求的变化，实现高效的资源配置。同时，庞大的制造业企业集群也为工业智能技术的应用提供了丰富的实践场景。无论是汽车制造、电子信息，还是航空航天、能源化工等行业，都有着大量的实际问题等待工业智能技术去解决。通过在这些实际场景中的应用和实践，工业智能技术能够不断得到优化和完善，实现快速迭代和创新发展。

当前，我国正处于难得的引领创新的战略窗口期。

凭借在 AI 技术领域的领先优势、完善的产业基础以及庞大的市场需求，我国有能力在工业智能领域实现引领创新发展。我国政府也高度重视工业智能的发展，出台了一系列政策措施，加大对工业智能领域的支持力度。我国政府明确提出，要加快推动新一代信息技术与制造业深度融合，发展智能制造，培育新型生产方式，全面提升企业研发、生产、管理和服务的智能化水平。各地政府也纷纷响应，通过设立产业基金、建设产业园区、出台优惠政策等方式，吸引企业和人才投身工业智能领域的发展。

未来，我国必将在工业智能领域发挥引领作用，推动世界工业格局朝着更加智能化、高效化、绿色化的方向发展。我国企业将不断加大研发投入，加强技术创新，推出更多具有自主知识产权的工业智能产品和解决方案。同时，我国还将积极参与国际合作与竞争，与世界各国分享工业智能发展的经验和成果，共同推动全球工业智能产业的繁荣发展。

8.2　DeepSeek 赋能网络安全及未来展望

8.2.1　DeepSeek 深度赋能工业网络安全防护

随着数字化转型的不断推进，工业互联网、智能制造等领域蓬勃兴起。工业网络安全越来越成为一个重要的关注点。工业控制系统（ICS）和工业互联网（Industrial Internet of Things，IIoT）逐步将传统工业设备、生产系统与互联网连接，导致网络攻击面临空前挑战。网络安全的漏洞不仅可能带来数据泄露、信息篡改等问题，还可能直接威胁到生产安全，造成经济损失。工业网络安全防护能力如何有效提升，已成为当下亟须解决的问题。

作为一种新兴技术，DeepSeek 凭借强大的数据处理、模式识别、预测分析等能力，正在深度赋能工业网络安全防护。DeepSeek 不仅可以在海量数据中快速发现潜在的安全威胁，还能通过持续学习不断优化安全防护措施。通过与工业业务的深度结合，DeepSeek 能够构建适合工业场景的网络安全大模型，从多个维度实现全面赋能。本节将从安全检测、安全防护、安全运营、安全服务和安全教育等方面探讨 DeepSeek 如何帮助工业网络防护，并助力安全与业务的融合，提升整体用户价值。

1. 安全检测：DeepSeek 驱动的智能威胁识别

在工业网络环境中，设备种类繁多、网络架构复杂，传统的安全检测方式难以应对新型、复杂的攻击方式。DeepSeek 通过其强大的数据分析能力、识别能力能够在海量数据中快速识别异常行为、恶意攻击和潜在的安全威胁。通过机器学习、深度学习等技术，DeepSeek 还可以基于大量历史数据，构建动态安全检测模型。

具体而言，DeepSeek 可以基于数据流量、设备行为等多维度数据进行建模和训练，识别正常的运行方式。通过持续监控工业网络，DeepSeek 可以实时发现潜在的安全事件。例如，不正常的设备通信、流量异常、远程控制异常等。这种检测方式相比传统的基于规则的检测方法更加灵活和智能，能够及时发现那些传统防护体系无法识别的安全隐患。

2. 安全防护：DeepSeek 自动化响应与防御策略

DeepSeek 不仅在安全检测方面展现出卓越的能力，在安全防护方面同样具备巨大的潜力。在工业网络的传统安全保护体系中，一旦发生安全事件，通常需要人工进行响应和处置，这不仅耗时且容易出现判断失误。DeepSeek 的引入使得安全防护可以实现自动化响应，反应速度和防护效率明显提高。

例如，在遭遇网络攻击时，DeepSeek 可以根据实时检测到的攻击特征，自动启动防御策略，如隔离被攻击的设备、调整网络流量路由或切换安全策略等。这种自动化的响应机制能够大幅度减少人为干预的需求，减少因反应迟缓或失误导致的安全损失。

此外，DeepSeek 还能基于对攻击模式的深度学习，不断优化防御策略，提高防御体系的智能化水平。随着时间的推移，DeepSeek 在面对不断演化的攻击手段时，能够快速适应并做出相应调整。

3. 安全运营：DeepSeek 驱动的智能安全管理

工业网络安全不仅仅是防护技术的应用，在整个生命周期内更需要持续的经营和管理。DeepSeek 能够深度参与安全运营，从而实现智能化、高效化的安全管理。通过 DeepSeek，安防运营人员可以对网络安全状态进行实时监控，精准预判潜在风险并进行及时应对。

DeepSeek 的应用使得安全运营能够更加智能化。首先，DeepSeek 可以自动分析报告并生成安全事件的趋势预测，帮助安全运营人员对网络安全的整体情况有一个快速的了解。其次，DeepSeek 可以根据大数据分析结果，预测潜在的安全风险和漏洞，提前进行修复或加固措施，防患于未然。最后，DeepSeek 还可以辅助运营策略的制定，优化安全资源的配置和调度，提升整体安全运营的效率和效益。

4. 安全服务：DeepSeek 赋能的定制化安全解决方案

随着工业业务的不断发展，各行各业面临的安全挑战和需求都各不相同。DeepSeek 的应用能够为企业提供定制化的安全服务，根据不同行业的需求和特性，提供量身定制的安全防护方案。

DeepSeek 能够通过深度学习不同业务场景的特征，自动识别和分析不同工业领域的安全需求，为每位用户提供个性化的安全保护计划。例如，在智能制造行业，DeepSeek 可以根据生产过程和设备状态进行开发，制定安全防护的针对性措施；在能源行业，DeepSeek 可以分析设备的运行数据，为能源系统的安全提供智能化的保护。这种定制化的安全服务可以帮助企业更好地处理复杂多变的安全威胁，增强安全保护的精准性与有效性。

5. 安全教育：DeepSeek 驱动的智能安全培训与提升

企业员工的安全意识和应急能力除了技术层面的防护外，安全教育也至关重要。DeepSeek 可以为企业提供智能化的安全教育和培训方案，增强员工的安全防范意识，减少人为操作失误。

DeepSeek 可以根据员工的岗位和职责，定制不同的安全培训内容，通过虚拟仿真、互动学习等形式，使员工能够更好地理解网络安全的基础知识和应急响应流程。此外，DeepSeek 还能提供个性化的学习建议和反馈，通过分析员工的学习进度和掌握情况，从而提升培训效果。

基于上述五个层面的赋能，工业网络安全不仅要解决技术层面的防护问题，还要促进安全与业务的深度融合，形成"双安融合"的局面。一方面，DeepSeek 能够帮助企业在业务运行过程中实时监控安全状态，确保生产活动不受安全问题的干扰；另一方面，DeepSeek 还可以通过对工业生产数据进行智能分析，助力业务决策，提升生产效率和产品质量。通过将 DeepSeek 与工业安全体系和业务流程相结合，企业能够实现网络安全和业务发展的协同优化，既能够确保网络安全，又能够提升业务效益。这种"双安融合"将成为未来工业网络安全防护的新方向。

DeepSeek 深度赋能工业网络安全防护，既增强了企业的安全保护能力，也能够在更广泛的层面上提升用户价值。通过 DeepSeek 的持续优化与革新，企业能够在以下几个方面获益。

1）降低安全风险：DeepSeek 能够帮助企业及时发现潜在的安全威胁并进行有效应对，减少安全事件的发生，保护企业的核心资产。

2）提升业务连续性：DeepSeek 能够确保企业在面对安全挑战时，业务运行不受影响，保障生产和运营的连续性。

3）节约运营成本：通过 DeepSeek 自动化防护和智能化运营，企业能够降低人工干预的需求，节省安全运营成本。

4）增强竞争力：在 DeepSeek 的支持下，企业能够在激烈的市场竞争中具备优势，通过智能化的安全防护赢得用户的信任和支持。

8.2.2　DeepSeek 时代工业网络安全的机遇和挑战

随着人工智能技术的飞速发展，工业网络安全正进入全新的智能化时代。AI 不仅提升了安全检测和防护的效率，还在工业业务的深度融合、安全运营的自动化、风险预测的智能化等方面展现出巨大潜力。未来，AI 将进一步改变工业网络安全的格局，推动安全体系从被动防御向主动自适应演进。

在这一趋势下，轻量级 AI 大模型的崛起、AI Agent（智能体）的普及、攻击手段的智能化等，都将塑造未来工业网络安全的新生态。这些变革带来了前所未有的机遇，同时也引发了一系列新的挑战。

1. 轻量级 AI 大模型的崛起：嵌入工业设备，助力原生安全

当前，AI 大模型通常依赖强大的算力支撑，但工业网络安全需要在资源受限的环境下运行，尤其是嵌入式设备、工业控制器等。未来，轻量级、低成本的 AI 大模型将成为趋势，这些模型能够适应工业环境的计算限制，被直接植入嵌入式控制系统、智能传感器、边缘设备等，实现工业网络的"原生安全"。

这种"原生安全"意味着安全能力从设备层面内生，而不是通过外部补丁或额外的安全设备来弥补安全漏洞。例如，内置 AI 模型的智能可编程逻辑控制器（PLC）能够实时检测异常操作和潜在攻击，在物理破坏发生之前进行响应。同时，AI 模型能够在设备端进行本地推理，减少对云端的依赖，提高响应速度并降低安全风险。

然而，轻量级大模型的发展仍面临挑战，如算力受限、数据更新成本高、模型的自适应性较弱等。如何在资源受限的设备上高效运行 AI 模型，并保持持续的安全更新，将是工业网络安全需要攻克的技术难题。

2. AI Agent 的普及：安全运营智能化，形成决策闭环

AI Agent 正在快速发展，并被逐渐引入安全运营领域。未来，安全运营将从传统的"人工监测 + 规则响应"模式，升级为"AI Agent 自主监测 + 自适应决策闭环"模式，使安全运营过程更加智能化、自动化。

AI Agent 可以实现：

1）自主安全监测：7 × 24h 实时分析网络流量、设备状态、操作日志，主动识别潜在风险。

2）威胁自动响应：一旦检测到攻击，AI Agent 可以在毫秒级内执行预设防御策略，甚至根据攻击方式的不同动态调整策略，避免过度防护或误判。

3）跨域安全协同：多个 AI Agent 可以协同工作，打破 IT（信息技术）与 OT（操作技术）网络之间的边界，实现全局安全态势感知和响应优化。

AI Agent 的广泛应用将极大减少安全运维的人工干预，提高应急响应的速度和准确性。然而，AI Agent 的自主性也带来了安全挑战，例如 AI Agent 本身可能成为攻击目标，或者其决策机制可能被攻击者利用。此外，如何平衡 AI Agent 的自动决策与人类专家的监督，也是需要深入探索的问题。

3. 攻击手段的智能化：AI 对抗 AI，安全博弈加剧

未来，攻击者将越来越多地利用 AI 技术进行网络攻击，安全防御将进入"AI 对抗 AI"的新阶段。攻击者可以使用 AI 生成更隐蔽的攻击方式。

1）自动化漏洞挖掘：AI 能够快速扫描工控设备、网络协议、工业软件中的漏洞，并生成针对性的攻击代码。

2）自适应攻击策略：AI 可以分析企业安全防护体系的弱点，并动态调整攻击路径。例如，针对不同厂商的工业控制系统，AI 攻击工具可以自动适配攻击手段，提高成功率。

3）深度伪造与社会工程攻击：AI 能够模拟真实用户行为，欺骗工业控制系统，例如生成看似正常的操作指令，使设备误操作或瘫痪。

这种智能化攻击手段的出现，使得传统的基于规则的防御策略逐渐失效，企业必须引入 AI 驱动的动态防护系统，实时学习攻击模式并进行具有针对性的安全防御。同时，AI 安全防护系统本身也必须具备"对抗 AI 攻击"的能力，能够识别和拦截基于 AI 的攻击行为。

4. 供应链安全的新挑战：AI 驱动的供应链防御体系

工业网络的安全不仅涉及企业自身，还涉及供应链中的各个环节。未来，供应链攻击将更加隐蔽和精准。例如，攻击者可以通过 AI 分析企业供应链中的薄弱环节，如第三方设备供应商、外部软件接口等，进而渗透整个工业体系。

为了应对这一挑战，AI 将被用于构建供应链安全防御体系。

1）供应链风险智能评估：利用 AI 分析供应链中的历史安全事件、合作方安全状况，评估潜在风险。

2）可信数据溯源：结合区块链和 AI，确保供应链数据的完整性和透明性，防止篡改或伪造信息。

3）供应链攻击预测：通过 AI 对供应链行为进行建模，预测可能的攻击路径，并提前制定防御策略。

然而，构建 AI 驱动的供应链防御体系，需要跨企业的数据协同，而数据隐私、数据孤岛等问题仍然是行业面临的挑战。

5. "双安融合"：安全与业务深度结合，推动智能制造升级

传统的工业安全往往与业务发展相对独立，而未来的趋势是"双安融合"——安全与业务深度结合，使安全成为智能制造的重要组成部分。

AI 可以在以下方面推动"双安融合"。

1）智能产线安全优化：AI 在生产过程中实时分析设备状态，既保障生产效率，又确保设备不受攻击。

2）安全即服务（Security as a Service）：企业可以将 AI 安全能力作为

业务的一部分，提供给上下游合作伙伴，例如实时共享安全态势，提升整个行业的安全水平。

3）合规与安全自动化：AI 可以自动监测工业法规变化，确保企业业务在安全合规的前提下运行。

这一趋势意味着，未来的工业安全不再只是 IT 部门的职责，而是贯穿整个企业运营体系的核心能力。但与此同时，如何确保 AI 系统本身的安全性，以及如何平衡安全与业务效率，将成为企业面临的关键挑战。

未来，AI 将在工业网络安全领域发挥越来越核心的作用，推动工业控制系统的"原生安全"、安全运营的智能化、攻击防御的 AI 对抗、供应链的智能防护，以及安全与业务的深度融合。这些变化将极大提升工业安全的整体水平，并促进智能制造的进一步升级。

然而，与此同时，攻击手段的智能化、AI Agent 的安全性、数据隐私与合规等问题，也给工业网络安全带来了新的挑战。企业必须不断提升 AI 驱动的安全防护能力，同时加强安全治理体系建设，以应对日益复杂的安全威胁。在 AI 时代，工业网络安全不仅是技术竞争，也是智能化时代下的一场长期安全博弈。

8.3　DeepSeek 工业生态的建议与倡议

8.3.1　DeepSeek 是打造 AI 生态的重要基石

DeepSeek 在 AI 领域异军突起，以一系列创新之举成为打造 AI 生态的关键力量，其贡献涵盖技术创新、工程创新、生态创新及信心提升等多个关键维度。

1. 技术创新、算法革新，引领变革

DeepSeek 的技术创新堪称其立足之本，算法层面的突破令人瞩目，其

核心技术多头潜注意力（MLA）机制，对传统注意力计算进行深度优化，极大降低了模型推理成本，显著减少了对高端芯片的依赖。在实际应用中，MLA 使得模型在处理复杂任务时，能够以更低的算力消耗实现高效推理，为 AI 技术在资源受限环境中的广泛应用开辟了新路径。

多 token 预测（Multi-Token Prediction，MTP）和混合专家模型（MoE）同样展现了 DeepSeek 的技术实力。MTP 技术赋予模型更强的语言理解和生成能力，使其在自然语言处理任务中表现得更加智能和灵活；MoE 则通过巧妙的架构设计，将多个专家模型有机整合，每个专家模型专注于特定领域知识，在面对不同任务时，能够精准调用相应专家，大幅提升模型训练和推理效率。在知识图谱构建任务中，MoE 架构能够快速、准确地从海量数据中提取关键信息，构建出高质量的知识图谱，为后续的智能应用提供坚实的数据基础。这些创新算法相互协同，共同推动 DeepSeek 在技术层面实现跨越式发展，为 AI 生态的技术升级注入强大动力。

2. 工程创新、优化提效，降低算力依赖

在工程创新方面，DeepSeek 展现出卓越的实践能力和创新思维，通过全方位的优化措施，实现了效率的大幅提升，并成功降低了对算力的依赖。在算力管理方面，DeepSeek 独辟蹊径，对低配版 GPU 集群甚至多源异构算力进行智能调配，打破了"大力出奇迹"的传统算力观念。通过精心设计的算法和调度策略，它能够充分挖掘各类算力资源的潜力，让不同性能的硬件协同工作，确保模型训练和推理任务高效运行。在一些对算力要求较高的深度学习任务中，DeepSeek 利用这种智能算力管理方式，在不依赖高端、昂贵算力设备的前提下，依然实现了与使用高成本算力相当的效果，大大降低了技术应用门槛。

PTX 编程语言和工程能力的革新是 DeepSeek 工程创新的又一亮点。通过深入底层的优化，PTX 代码实现了对寄存器分配、线程调度以及 Warp 级别等关键环节的精细控制，显著提升了模型性能，同时有效降低了算力成本。这种从底层技术出发的创新，不仅体现了 DeepSeek 对技术细节的极致追求，也使得 AI 应用在算力成本上实现了质的下降，为 AI 技术在更多领域的普及奠定了坚实基础。在工业生产的智能质量检测场景中，DeepSeek 的技术凭借工程创新带来的算力优化优势，能够以较低成本快速部署智能检测系统，实时分析生产线上的产品图像，精准识别缺陷，有效提高了生产效率和产品质量，减少了算力方面美国的垄断优势，让我国中小企业也能够享受到 AI 技术带来的红利。

3. 生态创新，成为完全开源的典范之作，打造了 AI 时代生态基石

DeepSeek 以完全开源的姿态，成为 AI 时代生态创新的典范，为全球 AI 生态的繁荣发展贡献了不可或缺的力量，其开源策略具有多方面的积极影响，吸引我国乃至全球开发者踊跃参与生态建设。通过开放代码和模型，DeepSeek 为开发者提供了丰富的技术资源和创新平台，使得不同背景、不同地域的开发者能够基于其开源成果进行二次开发和创新应用。

开源还促进了技术的快速迭代和传播。全球开发者在参与 DeepSeek 开源项目的过程中，不断提出新的想法和改进方案，形成了一个良性的技术创新循环。众多开发者的智慧汇聚，使得 DeepSeek 的技术能够迅速适应不同场景的需求，不断优化和完善。同时，开源使得技术传播更加迅速和广泛，避免了技术垄断，让更多人能够受益于 AI 技术的发展。在农业领域，开源的 AI 技术被广泛应用于智能灌溉、病虫害监测等方面，帮助农民提高农作物的产量和质量，推动农业现代化进程。这种开源共享的模式，如同为 AI 生态种下了无数创新的种子，让 AI 技术在全球范围内生根发芽，茁壮成长，成为构筑 AI 生态的坚实基石。

4. 信心提升，开启创新引领新篇章

DeepSeek 的成功犹如一颗璀璨的明星，极大地提升了我国在 AI 领域的创新信心。在过去几十年里，我国在科技领域进行了深厚的技术积淀和人才培养，如今正处于全面创新爆发的奇点，DeepSeek 便是这一创新浪潮中的先锋。它的出现证明了我国在 AI 领域具备强大的自主创新能力，能够在全球竞争中脱颖而出，打破国际巨头在技术上的长期垄断。DeepSeek 以相对有限的资源投入，实现了与国际顶尖水平相媲美的技术突破，这一成果让我国科技界看到了在 AI 领域引领全球创新的可能性，激发了更多企业和科研机构投身于 AI 创新的热情。

从更宏观的角度看，DeepSeek 只是我国人工智能创新浪潮的一个缩影，预示着各行各业即将迎来由我国引领创新的新局面。在 AI 的带动下，我国的科技企业将在全球舞台上发挥更加重要的作用，推动各领域的技术进步和产业升级。在智能制造领域，我国企业将借助 AI 技术实现生产流程的智能化改造，提高生产效率和产品质量，打造具有国际竞争力的高端制造业；在新能源领域，AI 与新能源技术的深度融合，将推动新能源的高效开发和利用，助力我国在全球能源转型中占据领先地位。作者相信，DeepSeek 只是开始，各行各业都将迎来由我国引领创新的新局面。

8.3.2　工业智能生态的重要性

1. 工业特点决定了需要打造生态

工业体系庞大，行业场景众多，碎片化趋势显著，从传统制造业到新兴的高端装备制造，从能源开采到精细化工，工业领域涵盖了无数细分行业，每个行业又包含大量独特的应用场景。

举几个例子。在汽车制造领域，从零部件生产线上的高精度检测，到整车装配环节的自动化控制，再到供应链管理中的物流优化，每个场景都对智能化有着不同的需求和挑战；在钢铁生产领域，高炉炼铁的温度控制、炼钢过程中的成分监测、钢材轧制的质量检测等，各个环节都需要针对性的智能化解决方案。这种高度碎片化的特点使得任何一家企业都难以凭借自身力量覆盖所有工业场景，打造全面的工业智能化解决方案。

工业智能需要系统发展，发挥各自优势，细化分工。工业智能化是一个复杂的系统工程，涉及硬件设备、软件算法、数据分析、工业机理等多个层面。在硬件层面，需要高性能的传感器、工业机器人、自动化生产线等设备来实现生产过程的数字化和自动化；在软件层面，涵盖了工业操作系统、工业软件、智能算法等，用于数据处理、模型训练和决策支持；在数据分析层面，从海量工业数据中提取有价值的信息，为生产优化和质量控制提供依据；在工业机理层面，对工业生产过程内在规律的理解和应用，确保智能化解决方案符合实际生产需求。

比如，一家专注于工业机器人研发的企业，虽然在机器人硬件制造和运动控制算法方面具有优势，但是在工业数据分析和行业应用场景的理解上可能相对薄弱；而一家数据分析公司擅长数据挖掘和机器学习算法，但缺乏对工业生产现场的深入了解和硬件设备的集成能力。因此，只有通过打造工业智能生态，让各领域企业发挥自身优势，实现分工协作，才能推动工业智能的系统发展。

2. 竞争格局决定了需要打造生态

国外工业软件自动化巨头实力强大，长期占据着全球工业软件和自动化市场的主导地位。以西门子、霍尼韦尔等为代表的国际企业，凭借几十年甚至上百年的技术积累、庞大的研发投入和广泛的市场布局，构建了完善的工业软件和自动化产品体系。在过去几十年，这些国际巨头不仅在技术上领先，还通过并购等方式不断拓展业务领域，巩固市场地位，形成了强大的竞争壁垒。

我国企业处在追赶阶段，在技术积累、市场份额和品牌影响力等方面与国际巨头存在一定差距。尽管近年来我国工业软件和智能企业发展迅速，在一些领域取得了显著进步，但整体上仍面临诸多挑战。在核心技术方面，如高端工业软件的算法、工业操作系统的底层架构等，我国企业仍需突破国外技术封锁，实现自主可控。

然而，需要指出的是，我国企业也具有自身优势，如对本土市场的深入理解、快速的市场响应能力和灵活的创新机制等。通过打造工业智能生态，我国企业可以整合资源，加强协同创新，发挥自身优势，逐步缩小与国际巨头之间的差距。作者认为，工业需要做深做精，更需要生态合作，各自做好各自的优势，融合发展。工业领域的专业性和复杂性决定了企业必须专注于自身核心优势，做深做精。

8.3.3 工业智能生态的可行路径

在这里，作者提出三种路径供读者参考。

1. 路径一：按照技术能力横向分层打造生态

在工业智能生态中，技术能力的横向分层是构建生态体系的重要基础，这种分层模式能够充分发挥不同层次技术主体的优势，实现技术资源的优化配置和协同创新。

底层为基础层，汇聚了计算芯片、传感器、工业机器人、工业网络等硬件设备，以及操作系统、数据库等基础软件，这些是工业智能运行的物理基础和底层支撑。

中间层为技术层，主要涵盖人工智能算法、大数据分析技术、物联网技术、云计算技术等关键技术，这些技术是实现工业智能化的核心驱动力。人工智能算法在工业智能中扮演着至关重要的角色，通过机器学习、深度学习等算法，对工业数据进行分析和挖掘，实现生产过程的预测性维护、质量控制和调度优化。例如，DeepSeek 在工业智能领域应用的算法，能够根据设备运行数据提前预测设备故障，为企业节省大量的维修成本和生产中断损失；大数据分析技术则对海量的工业数据进行清洗、整理和分析，挖掘数据背后的潜在价值，为企业决策提供数据支持。

顶层为应用层，面向各类工业企业，提供智能制造解决方案、工业软件、智能服务等应用产品和服务。这些应用产品和服务是工业智能生态的最终输出，直接服务于工业生产实践，满足企业的智能化需求。智能制造解决方案将各种技术进行整合，为企业提供从生产流程设计、设备选型到系统集成的一站式服务，帮助企业实现智能化转型。例如，中工互联的智能制造解决方案，可以根据不同行业企业的特点和需求，定制个性化的智能制造方案，助力企业提升生产效率和产品质量；工业软件涵盖了产品设计、生产管理、供应链管理等多个领域的软件工具，为企业提供数字化的生产管理手段，提高企业的运营效率。

不同层级之间存在着紧密的关联和相互作用。基础层为技术层提供硬件和软件支撑，是技术实现的基础；技术层基于基础层的数据和资源，开发和应用各种智能技术，为应用层提供技术支持；应用层则将技术层的成果转化为实际的产品和服务，满足工业企业的需求。同时，应用层产生的数据又反馈到基础层和技术层，促进技术的优化和创新。这种横向分层的生态模式，使得各层次企业能够专注于自身的核心技术和业务，通过协同合作，共同推动工业智能生态的发展，提高整个工业领域的智能化水平。

2. 路径二：按照行业垂直领域打造生态

按照行业垂直领域打造工业智能生态，是充分考虑到不同行业的特点和需求，实现工业智能精准应用和深度发展的重要路径。

举个例子。在石油化工行业，生产过程具有高温、高压、易燃、易爆等特点，对安全性和稳定性要求极高。工业智能生态在该领域的构建，围绕生产过程的优化控制、安全监测与预警、设备维护等关键环节展开。通过实时监测生产设备的运行参数，利用大数据分析和人工智能算法预测设备故障，提前进行维护，降低生产事故风险；通过对生产工艺进行实时优化，提高产品质量和生产效率。在原油炼制过程中，利用智能控制系统根据原油品质和市场需求，动态调整炼制工艺参数，实现产品的精细化生产，提高资源利用率；通过智能传感器和监控系统，对生产现场的温度、压力、液位等参数进行实时监测，一旦发现异常立即发出预警，确保生产安全。

需要指出的是，不同行业的工业智能生态之间并非完全孤立，而是存在着相互借鉴和协同发展的关系。一方面，一些共性技术（如人工智能、大数据、物联网等）在不同行业都有广泛应用，这些技术的发展和创新成果可以在不同行业之间共享和推广；另一方面，跨行业的合作与交流能够促进工业智能生态的完善和拓展。电子制造行业的高精度传感器技术可以应用于汽车制造行业的车辆安全监测；石油化工行业的大数据分析经验可以为电子制造行业的生产优化提供参考。这种跨行业的协同发展，有助于推动工业智能生态的整体进步，实现工业领域的全面智能化升级。

3. 路径三：创新商业模式打造生态

创新商业模式是推动工业智能生态发展的关键力量，它能够打破传统商业思维的束缚，构建全新的商业合作关系，激发生态系统的活力和创造力。

举个例子。我们在实践中曾探讨采用"订阅制模式"为企业提供一种灵活的服务获取方式。企业无须一次性支付高昂的软件或设备采购费用，而是通过定期支付订阅费用，即可使用相应的工业智能服务。这种模式降低了企业的前期投入成本，使企业能够根据自身业务发展需求灵活调整服务规模和内容。对于一些中小企业来说，"订阅制模式"使得它们能够以较低的成本享受到先进的工业智能服务，提升自身的竞争力。

"平台化模式"又是另一种服务方案。"平台化模式"搭建了一个开放的生态平台，汇聚了众多的工业企业、技术供应商、服务提供商等生态参与者。在这个平台上，各方可以实现资源共享、优势互补，开展广泛的合作。平台通过提供统一的技术标准、接口规范和数据交互机制，打破了企业之间的信息孤岛，促进了产业链上下游的协同创新。

"共享经济模式"在移动互联网时代大行其道。"共享经济模式"在工业智能生态中也具有广阔的应用前景。通过共享工业设备、技术人才、研发资源等，企业可以提高资源利用效率，降低运营成本。在一些地区，多家小型制造企业共同出资购买一台高精度的工业机器人，根据各自的生产需求分时使用，避免了设备的重复购置和闲置浪费；一些拥有专业技术人才的企业，通过共享人才服务，为其他企业提供技术咨询和解决方案，实现了人才资源的优化配置；在研发领域，企业可以通过共享研发资源，共同开展技术攻关，降低研发成本和风险。"共享经济模式"不仅促进了资源的高效利用，还加强了企业之间的合作与交流，推动了工业智能生态的协同发展。这种模式已经在一些产业集中度较高的产业园实现了。

这些创新商业模式相互融合、相互促进，共同构建了一个充满活力和创新的工业智能生态系统。它们为工业企业提供了更多的选择和发展机遇，促进了工业智能技术的广泛应用和创新发展，推动了工业领域的数字化、智能化转型，提升了整个工业生态系统的竞争力和可持续发展能力。

8.3.4 工业智能生态的价值

1. 价值一：便于快速发展，促进新技术应用

工业智能生态为新技术的快速发展和广泛应用提供了肥沃土壤。在生态体系中，新技术能够迅速找到应用场景，实现从理论到实践的转化。以人工智能技术为例，在工业智能生态中，它可以与工业生产流程紧密结合，通过对生产数据的实时分析，实现生产过程的优化控制、质量检测和故障预测等功能。

工业智能生态还能够加速新技术的迭代升级。众多企业和科研机构在生态中相互协作、竞争，不断提出新的技术改进方案和应用思路。这种创新的氛围促使新技术能够在短时间内得到快速发展和完善。在工业物联网技术的发展过程中，不同企业在生态中共同探索物联网在工业生产中的应用模式，通过不断的实践和交流，推动了工业物联网技术在设备连接、数据传输、安全保障等方面的持续创新和优化，使其能够更好地满足工业生产的需求。

2. 价值二：便于形成集体优势，便于融合创新

一花独放不是春，万紫千红春满园。工业智能生态整合了产业链上下游的各类资源，形成了强大的集体优势。在生态中，企业之间分工协作，各自发挥自身优势，实现资源的优化配置。上游的硬件设备供应商为下游的工业软件开发商和系统集成商提供先进的硬件设备，确保工业智能系统的高性能运行；工业软件开发商则根据企业的实际需求，开发出具有针对性的工业软件，实现生产过程的数字化管理和智能化控制；系统集成商将硬件设备和软件系统进行整合，为企业提供完整的智能制造解决方案。这种产业链上下游的协同合作，使得整个生态系统能够发挥出最大的效能，提升了工业智能的整体水平。

融合创新是工业智能生态的核心竞争力之一。在生态中，不同领域的技术、知识和理念相互融合，产生新的创新成果。工业互联网与大数据技术的融合，实现了工业数据的全面采集、传输和分析，为企业提供了更加精准的决策支持；人工智能与机器人技术的融合，使得工业机器人具备了更高的智能化水平，能够完成更加复杂的任务。这种融合创新不仅推动了工业智能技术的发展，还为企业创造了新的商业模式和市场机会。在智能家居领域，通过将物联网、人工智能和大数据技术进行融合，企业开发出了智能家电控制系统，能够根据用户的生活习惯和需求，自动调节家电设备的运行状态，提供更加便捷、舒适的家居体验。

3. 价值三：便于国内国际竞争力提升

在国内市场，目前正值新型工业化开展的关键时期。工业智能生态的发展能够推动产业升级，促进经济结构调整。通过应用工业智能技术，传统制造业能够实现智能化转型，提高生产效率和产品质量，降低生产成本，增强市场竞争力。在高端装备制造、新能源汽车等新兴产业，工业智能生态的建设能够加快技术创新和产品研发，推动产业的快速发展，培育新的经济增长点。工业智能生态还能够促进产业集群的发展，提高产业的

集聚效应和协同创新能力，形成区域竞争优势。在长三角地区，以智能制造为核心的产业集群不断发展壮大，吸引了大量的企业和人才集聚，推动了区域经济的快速发展。

墙内开花墙外香。在国际市场，工业智能生态的发展有助于提升我国工业的国际竞争力。随着全球制造业的智能化转型，工业智能已经成为国际竞争的焦点。我国通过打造工业智能生态，能够整合国内的技术、人才和产业资源，形成具有国际竞争力的工业智能产业体系。

8.3.5 关于共同打造工业智能生态的五点倡议

在全球工业智能化变革的浪潮中，我们正站在关键的历史节点。工业智能生态的构建，不仅是技术创新的必然趋势，也是推动新型工业化、提升国家竞争力的关键所在。在此，我们向所有关注工业智能发展的政府机构、企业和院校发出五点倡议。

1. 倡议一：秉持开放合作理念，共享发展机遇

开放合作是工业智能生态发展的基石。我们倡议各参与方打破壁垒，秉持开放的心态，积极开展技术交流、资源共享和项目合作。无论是硬件设备制造商、软件开发商、系统集成商，还是科研机构、高校和终端用户，都应在生态中找准定位，发挥自身优势，实现互利共赢。企业之间应加强合作，共同开展技术研发和应用创新，共享技术成果和市场资源；科研机构和高校应积极与企业对接，为企业提供技术支持和人才培养服务，推动科研成果的产业化转化；终端用户应积极反馈需求，为技术创新和产品优化提供方向。通过开放合作，汇聚各方智慧和力量，形成强大的发展合力，共同推动工业智能生态的繁荣发展。

2. 倡议二：加大技术创新投入，突破核心技术瓶颈

技术创新是工业智能生态发展的核心驱动力。我们呼吁企业和机构加

大在人工智能、大数据、物联网、云计算等关键技术领域的研发投入，加强基础研究和应用研究，突破核心技术瓶颈，掌握自主知识产权。鼓励企业建立研发中心，加强与科研机构的合作，开展产学研联合创新，加速技术成果的转化和应用。在人工智能算法研发领域，企业应加大投入，研发更高效、更精准的算法，提升工业智能的决策能力；在物联网技术领域，应加强传感器、通信技术等方面的研发，提高工业设备的互联互通能力；在大数据分析领域，应研发更先进的数据分析工具和算法，挖掘工业数据的潜在价值。通过持续的技术创新，为工业智能生态的发展提供坚实的技术支撑。

3. 倡议三：推动标准制定与推广，促进产业规范化发展

标准是工业智能生态健康发展的重要保障。我们倡议相关机构和企业积极参与工业智能标准的制定和推广工作，建立统一的技术标准、接口规范和数据格式，促进产业的规范化和标准化发展。标准的制定应充分考虑行业的实际需求和发展趋势，广泛征求各方意见，确保标准的科学性和实用性。鼓励企业采用国际标准和行业标准，提高产品和服务的质量和兼容性。

4. 倡议四：加强人才培养与引进，打造高素质人才队伍

人才是工业智能生态发展的第一资源。我们倡导企业、高校和科研机构加强人才培养与引进，建立多层次、多渠道的人才培养体系，打造一支高素质的工业智能人才队伍。高校应加强相关学科建设，优化课程设置，培养具有创新精神和实践能力的专业人才。企业应加强与高校的合作，开展实习实训、订单式培养等人才培养模式，提高人才培养的针对性和实用性；同时，积极引进国内外优秀人才，为工业智能生态的发展注入新的活力。企业还应加强员工培训，提升员工的技术水平和业务能力，为员工提供良好的职业发展空间。通过加强人才培养与引进，为工业智能生态的发展提供充足的人才保障。

5. 倡议五：强化安全保障意识，确保工业智能安全可靠运行

安全是工业智能生态发展的底线。我们倡议各参与方高度重视工业智能的安全问题，加强安全技术研发和应用，建立完善的安全保障体系，确保工业生产的安全可靠运行。在数据安全方面，应加强数据加密、访问控制等技术的应用，保护工业数据的安全和隐私；在网络安全方面，应加强网络防护、入侵检测等技术的应用，防范网络攻击和恶意软件的入侵；在系统安全方面，应加强系统漏洞检测和修复，确保工业智能系统的稳定运行。企业应制定完善的安全管理制度，加强员工的安全意识培训，提高安全防范能力。通过强化安全保障意识，为工业智能生态的发展营造安全可靠的环境。

工业智能生态的建设是一项长期而艰巨的任务，需要我们共同努力。希望我们一起为推动工业智能化发展、实现制造强国的目标贡献自己的力量！

结　语

在本书即将落下帷幕之际，我们不禁要回望这段探索之旅，从工业 4.0 的宏伟蓝图到 DeepSeek 技术的深度剖析，再到其在工业智能领域的广泛应用与未来展望，每一步都凝聚着对技术创新的执着追求与对产业变革的深刻洞察。本书不仅是一部关于 DeepSeek 技术的专业指南，更是一次对工业人工智能未来发展路径的深刻思考。

9.1　DeepSeek 为什么会诞生在我国

人类的心跳与创造，永远是我们仰望的星光。

在写这本书之前，作者和团队在思考一个问题：DeepSeek 为什么会诞生在我国？今后我国还会出现类似 DeepSeek 的重量级人工智能产品吗？思考清楚这个问题，也许我们对 DeepSeek 产品会有更深层次的认知和理解。作者想通过五个方面来回答这个问题。

9.1.1　技术背景：用"换道超车"破解"卡脖子"困局

路走不通怎么办？换个道路试一试！

在 DeepSeek 诞生之前，通用 AI 领域长期被 OpenAI、谷歌等国际巨头所垄断。OpenAI 凭借 GPT 系列模型，尤其是 GPT4 的强大性能，成为行业标杆。谷歌则依托其深厚的技术积累和庞大的研发团队，在人工智能领域占据着重要地位。这些巨头通过闭源模式和技术壁垒，牢牢掌控着 AI 技术的核心。

闭源模式使得其他企业和研究机构难以获取其核心技术，无法进行有效的学习和改进。技术壁垒则体现在模型架构、训练算法、数据处理等多个方面，这些技术难题需要大量的资金、算力和人才投入才能攻克，普通企业望而却步。例如，OpenAI 的 GPT 系列模型训练需要消耗大量的算力资源，其背后是巨额的资金投入，这使得许多中小企业根本无力与之竞争。

这种垄断局面带来了诸多问题。高昂的成本使得 AI 技术的应用门槛极高，只有少数大型企业能够负担得起，限制了 AI 技术的普及和应用。技术的封闭性导致创新的速度减缓，其他企业和研究机构无法参与到技术的改进和创新中来，阻碍了整个行业的发展。此外，这些巨头对算力的高度依赖，使得全球 AI 产业面临着算力瓶颈的问题，这进一步限制了 AI 技术的发展和应用。

面对国际巨头的垄断和技术困境，DeepSeek 选择了一条与众不同的"换道超车"技术路线。它通过创新的混合专家架构（MoE）和算法优化，成功实现了技术突破。DeepSeek 通过这些技术突破，成功解决了训练成本高、推理成本高以及算力依赖的问题，使技术普惠化成为可能，为 AI 技术的发展开辟了新的道路，这也体现了"中国式"智慧。

9.1.2　产业背景：我国 AI 的厚积薄发

有了政策和市场，一切都好办——这不是一句空话。

我国政府一直高度重视人工智能的发展，将其视为推动国家科技进步和产业升级的重要力量。在"十四五"规划中，明确提出要加快 AI 核心技术攻关，这一政策导向为 DeepSeek 的诞生提供了坚实的政策基础。

在国家政策的指引下，DeepSeek 的研发团队获得了国家级科研基金的大力支持。这些资金为研发工作提供了充足的资源，使得团队能够专注于技术研究和创新。DeepSeek 还积极参与了多项重大专项，与国内顶尖科研机构和高校展开合作，共同攻克 AI 领域的关键技术难题。

我国拥有全球最大的互联网用户群体，这为 AI 技术的发展提供了丰富的应用场景和海量的数据资源。从工业到医疗，从金融到教育，各个行业对 AI 技术的需求呈现出爆发式增长。举个例子，在金融领域，AI 技术可以用于风险评估、投资决策等方面，帮助金融机构降低风险、提高收益。DeepSeek 开源之后，多家银行和金融机构合作开发了智能风控系统和智能投资顾问，为金融行业的智能化转型提供了有力支持。

这些庞大的市场需求促使 DeepSeek 不断发展和完善自身技术，以满足不同行业的需求。在不断的实践和应用中，DeepSeek 逐渐发展出了强大的多模态能力和行业适配性，能够根据不同行业的特点和需求，提供定制化的 AI 解决方案。

9.1.3　地缘政治背景：AI 领域的博弈与突破

哪里有封锁，哪里就会有突破。在两个大国博弈的背景下，人工智能是寻求突破的重中之重。

近年来，美国在人工智能领域对我国实施了一系列技术封锁措施。这些技术封锁措施给我国 AI 产业带来了巨大的挑战。高端 GPU 作为 AI 训

练的关键硬件，其供应受限使得我国 AI 企业在模型训练和研发方面面临
巨大困难。一些依赖进口 GPU 的企业，由于无法及时获得足够的算力支
持，项目进度被迫放缓，研发成本大幅增加。美国的技术封锁还限制了我
国 AI 企业与国际先进技术企业的交流与合作，使得我国 AI 产业在技术创
新和发展上受到一定程度的阻碍。

在这样的困境下，DeepSeek 通过创新的技术路线，实现了在有限算力
下的性能突破。它采用的混合专家架构（MoE）和动态稀疏训练技术，大
幅降低了对高端算力的需求，使得模型能够在普通 GPU 和端侧设备上高
效运行。这一突破不仅打破了美国技术封锁的困境，还为我国 AI 产业的
发展开辟了新的道路，让我国在 AI 领域拥有了自主可控的技术方案。

9.1.4　人才与创新环境：培育 AI 的沃土

济济多士，乃成大业，人才蔚起，国运方兴。

我国杰出的教育体制为 AI 领域输送了源源不断的人才。从基础教育
到高等教育，我国建立了完善的教育体系，注重培养学生的科学素养和创
新能力。在高等教育阶段，我国高校纷纷开设了人工智能相关专业，培养
了大量专业人才。

DeepSeek 的团队成员大多来自国内顶尖高校。这些高校在人工智能
领域拥有雄厚的师资力量和先进的科研设备，为学生提供了优质的教育资
源。这些高校培养的人才不仅具备扎实的专业知识，还具有创新精神和实
践能力。他们在 DeepSeek 的研发过程中，充分发挥自己的优势，为解决
技术难题、推动技术创新做出了重要贡献。

DeepSeek 内部营造了一种开放、包容的创新文化，鼓励员工自由探
索、勇于尝试。在公司内部，没有严格的层级架构，团队成员之间可以自
由交流、协作，共同解决问题。这种灵活的管理方式，极大地激发了团队
的创造力和主动性。

据了解，在研发过程中，DeepSeek 采用了"三无政策"，即无固定团队、无汇报关系和无年度计划。员工可以根据项目的需求，自由组建团队，共同攻克技术难题。

DeepSeek 还注重对员工的激励和培养。公司为员工提供了广阔的发展空间和良好的福利待遇，鼓励员工不断学习和进步。对于在技术创新方面做出突出贡献的员工，公司会给予丰厚的奖励，激发员工的创新热情。公司还定期组织内部培训和学术交流活动，邀请行业专家和学者进行讲座和指导，帮助员工提升专业技能和知识水平。

这些团队管理经验也同样适用于希望借助 AI 改变管理经营模式的工业企业。

9.1.5　会不会有下一个 DeepSeek

会不会有下一个 DeepSeek 出现？这是一位记者朋友向作者提出的一个问题。作者当时的回答是："会！而且会源源不断！"

DeepSeek 的成功无疑为我国 AI 产业的发展树立了一座耀眼的灯塔。它的出现，让人们看到了我国在 AI 领域的无限潜力，也引发了一个令人深思的问题：我国会不会有下一个 DeepSeek？从我国当前的技术积累、产业环境、政策支持以及人才储备等多方面因素来看，答案是充满希望的。作者是技术出身，就从技术层面谈一下自己的看法。

我国已经在 AI 领域取得了一系列重要的技术突破。除了 DeepSeek 在混合专家架构和算法优化方面的创新，我国在自然语言处理、计算机视觉、机器学习等 AI 核心技术领域也有着深厚的技术积累。字节跳动的云雀模型在自然语言处理方面展现出了强大的能力，能够实现高质量的文本生成、翻译和问答等功能；华为的昇腾 AI 芯片凭借其强大的算力和高效的算法，为 AI 应用提供了坚实的硬件支撑。这些技术成果为我国 AI 产业的持续创新奠定了坚实的基础，也为下一个 DeepSeek 的诞生提供了技术可能性。

　　我国具备孕育下一个 DeepSeek 的土壤和条件。虽然技术创新充满了不确定性，但是在技术、产业、政策和人才等多方面因素的共同作用下，我国 AI 产业有望在未来诞生更多像 DeepSeek 这样的优秀企业，在全球 AI 领域继续书写辉煌篇章。

9.2　工业企业该如何拥抱 DeepSeek

　　工业企业该如何拥抱 DeepSeek？作者的六点建议如下。

9.2.1　评估自身需求，精准选择模型

　　工业企业在拥抱 DeepSeek 之前，需要全面评估自身的业务需求和痛点。不同的工业企业在生产流程、产品类型、管理模式等方面存在差异，因此对 DeepSeek 的需求也各不相同。例如，离散制造业企业可能更关注生产计划的优化和设备故障的预测，而流程制造业企业则可能更注重生产过程的监控和质量控制。

　　企业可以通过对自身业务流程的梳理，找出那些重复性高、数据量大、对准确性要求高的环节，这些环节往往是 DeepSeek 能够发挥最大价值的地方。在生产制造环节，DeepSeek 可以用于质量检测、工艺优化、设备维护等；在供应链管理环节，它可以用于需求预测、库存管理、物流优化等；在企业管理环节，它可以用于数据分析、决策支持、知识管理等。

　　在明确需求后，企业需要根据自身的技术实力、数据资源和预算等因素，选择合适的 DeepSeek 模型及相关技术组件。如果企业的数据量较小，技术实力相对较弱，那么可以选择一些轻量级且易于部署和使用的模型；如果企业的数据量较大，技术实力较强，并且有定制化的需求，那么可以选择一些功能更强大、可扩展性更好的模型，并进行二次开发和优化。

9.2.2 高度重视数据管理

数据是 DeepSeek 发挥作用的基础，数据质量的高低直接影响到模型的性能和应用效果。因此，工业企业在应用 DeepSeek 时，必须高度重视数据治理与管理。

首先是数据收集。企业要确定与业务需求相关的数据来源，包括生产设备传感器、企业信息系统（如 ERP、MES 等）、市场调研数据、供应链数据等。通过建立完善的数据采集机制，确保能够全面、准确地收集到这些数据。企业可以采用物联网技术，将生产设备连接起来，实时采集设备运行数据；还可以通过数据接口，从企业信息系统中获取业务数据等。

其次是数据整理与清洗。原始数据往往存在噪声、缺失值、重复值等问题，需要进行整理和清洗，以提高数据的质量。企业可以使用数据清洗工具和算法，去除噪声数据，填补缺失值，删除重复值，确保数据的准确性和完整性。对于设备运行数据中的异常值，可以通过统计分析的方法进行识别和处理；对于缺失的业务数据，可以采用插值法、回归法等进行填补。

最后是数据标注。为了让 DeepSeek 能够理解和处理数据，需要对数据进行标注。数据标注的过程就是为数据添加标签或注释，使其具有明确的语义和含义。在图像识别任务中，需要对图像中的物体进行标注，标注出物体的类别、位置等信息；在文本分类任务中，需要对文本进行标注，标注出文本的类别、主题等信息。数据标注可以采用人工标注和自动标注相结合的方式，以提高标注的效率和准确性。

9.2.3 技术融合与团队协作

DeepSeek 技术的应用涉及多个领域的知识和技术，如人工智能、大数据、物联网、工业自动化等。因此，工业企业需要实现跨领域技术融合，打破技术壁垒，促进不同技术团队之间的沟通与合作。

在技术融合方面，企业可以将 DeepSeek 与现有的工业软件和系统进行集成，实现数据的共享和交互：将 DeepSeek 与 CAD[⊖]、CAE[⊜]等设计软件集成，利用 DeepSeek 的数据分析能力，为设计提供优化建议；将 DeepSeek 与 MES、ERP 等管理系统集成，实现生产过程的智能化管理和决策支持。此外，企业还可以探索将 DeepSeek 与物联网、区块链等新兴技术相结合，拓展应用场景，提升企业的竞争力：利用物联网技术实时采集设备数据，通过 DeepSeek 进行分析和预测，实现设备的智能维护；利用区块链技术保障数据的安全和可信，为 DeepSeek 的应用提供可靠的数据基础。

在团队协作方面，企业需要组建一支跨部门的团队，包括业务专家、数据科学家、人工智能工程师、软件工程师等。业务专家负责提供业务需求和场景，数据科学家负责数据的分析和建模，人工智能工程师负责 DeepSeek 模型的训练和优化，软件工程师负责将 DeepSeek 技术集成到企业的业务系统中。通过团队成员之间的密切协作，确保 DeepSeek 技术能够顺利落地，并为企业创造价值。

9.2.4 分阶段部署与持续优化

工业企业在应用 DeepSeek 时，不宜盲目追求全面覆盖和一步到位，而应采用试点先行的策略，分阶段部署，逐步扩大应用范围。

企业可以选择一个或几个具有代表性的业务场景或生产环节作为试点，在试点项目中，深入探索 DeepSeek 的应用模式和价值，积累经验和数据。在试点成功后，再将 DeepSeek 推广到其他业务场景或生产环节，实现全面应用。在选择试点项目时，要充分考虑项目的可行性、收益性和

⊖ Computer Aided Design，计算机辅助设计。

⊜ Computer Aided Engineering，计算机辅助工程。

代表性，确保试点项目能够取得显著的成效，为后续的推广奠定基础。

此外，DeepSeek 技术和应用是一个不断发展和完善的过程，企业需要建立持续优化的机制，对模型和应用进行定期评估和改进。随着业务的发展和数据的积累，模型的性能可能会逐渐下降，需要及时对模型进行更新和优化；应用过程中可能会出现新的问题和需求，需要不断改进应用方案，提高应用的效果和用户体验。企业可以通过建立反馈机制，收集用户的意见和建议，及时发现问题并进行解决；利用 A/B 测试等方法，对不同的模型和应用方案进行比较和评估，选择最优的方案。

9.2.5　重点关注数据安全与隐私保护

在数字化时代，数据安全与隐私保护至关重要，工业企业在应用 DeepSeek 时，必须高度重视这一问题。

企业要建立完善的数据安全管理体系，明确数据的访问权限和使用规则，确保只有经过授权的人员才能访问和使用数据；对不同级别的数据进行分类管理，设置不同的访问权限，例如机密数据只有高层管理人员和相关技术人员才可以访问，普通数据则可以在一定范围内共享。同时，企业要加强对数据访问的审计和监控，记录数据的访问时间、访问人员、访问内容等信息，及时发现和处理异常访问行为。

数据加密是保障数据安全的重要手段。企业应采用先进的加密算法，对数据在存储和传输过程中进行加密处理，防止数据被窃取或篡改。

此外，企业还需要加强对员工数据安全和隐私保护意识的培训，提高员工的安全意识和责任感。通过开展安全培训课程、发布安全提示和案例分析等方式，让员工了解数据安全的重要性，掌握基本的数据安全防护知识和技能。例如，如如何设置强密码，如何防范钓鱼邮件，如何正确处理敏感数据等。

9.2.6　借用第三方力量

工业 AI 领域的快速发展，使得既懂工业又懂 AI 的复合型人才短缺问题日益突出，这成为工业企业应用 DeepSeek 的一大障碍。

与专业工业大模型研发企业建立合作关系，是一种高效且实用的策略。通过与这些专业企业携手，工业企业可以快速获得既具备深厚工业知识，又精通 AI 技术的专家团队的支持。这些专业团队不仅能够提供定制化的工业大模型解决方案，帮助企业更好地理解和应用 DeepSeek 等技术，还能通过知识转移和培训，提升企业内部团队的技术水平和创新能力。

合作过程中，工业企业可以充分利用第三方的专业优势，加速 AI 技术在产品研发、生产流程优化、质量控制、供应链管理等各个环节的深度融合与应用。同时，这种合作模式还能促进技术交流与合作，共同探索 AI 在工业领域的新应用、新模式，推动工业智能化水平的持续提升。此外，长期的战略合作关系还能为工业企业带来持续的技术支持和服务保障，确保企业在快速变化的 AI 技术浪潮中始终保持竞争力。

9.3　DeepSeek 是否会带来工业人工智能的"杀手级"应用

DeepSeek 是否会带来工业人工智能的"杀手级"应用？这不仅是科技爱好者们热烈讨论的话题，也是工业界共同关注的焦点。我们先来看 DeepSeek 的技术优势。

9.3.1　DeepSeek 的技术优势

工业领域的数据具有多源、海量、异构的特点，DeepSeek 在处理这类数据时展现出了强大的优势。它能够通过智能数据处理技术，快速收集并整合来自各类工业设备传感器、生产管理系统、供应链环节等的多源数据。例如，在汽车制造工厂，DeepSeek 可以将生产线上机器人的运行数据、零部件的质量检测数据以及物流配送的时间节点数据等进行融合分析，从多个维度全面了解生产过程。

在数据挖掘方面，DeepSeek 利用深度学习算法，能够从海量数据中挖掘出隐藏的规律和价值。通过对历史生产数据的深度分析，它可以预测设备故障、优化生产流程以及提升产品质量。以变压器制造企业为例，DeepSeek 通过分析过往生产数据，可以找出影响产品良品率的关键因素（如生产设备的运行参数、原材料的质量波动等），然后提前调整生产参数，有效降低了次品率。

9.3.2　工业领域"杀手级"应用的特征与要素

工业领域"杀手级"应用需要具备创新性、普及性和颠覆性三方面的特征。

"杀手级"应用的创新性体现在其敢于突破传统思维的束缚，开拓全新的商业模式或服务方式。以自动驾驶技术为例，它不仅仅是对传统汽车驾驶方式的简单改进，而是一场汽车行业和物流行业的革命。在汽车行业，自动驾驶技术的出现使得汽车从单纯的交通工具向智能出行平台转变。传统汽车制造商需要重新思考产品的研发方向，不仅要关注汽车的机械性能，还要投入大量资源研发自动驾驶相关的软件和硬件技术，如传感器、算法、芯片等。这促使汽车行业与科技行业深度融合，催生出新的产业生态。

普及性是"杀手级"应用的重要特征之一。一款应用只有能够迅速占领市场，吸引大量用户，才能成为真正的"杀手级"应用。我们以大家熟知的微信软件为例，它在短时间内迅速普及，成为人们日常生活中不可或缺的社交工具。截至 2024 年，微信月活跃用户数已超过 12 亿。微信的普及，不仅改变了人们的社交方式，还深刻影响了人们的生活和工作方式。

在商业领域，微信支付的普及推动了移动支付的发展，改变了传统的支付方式。商家可以通过微信支付接受线上和线下的支付，消费者可以随时随地进行支付，无须携带现金或银行卡。这种便捷的支付方式，提高了交易效率，促进了电子商务和线下商业的发展。微信公众号、小程序等功能的推出，也为企业和个人提供了新的营销和服务渠道，进一步拓展了微信的应用场景。微信的普及性，使其成为移动互联网时代的代表性应用，对社交、商业、媒体等多个行业产生了深远的影响。

"杀手级"应用的颠覆性体现在它能够彻底改变行业的运作方式和用户习惯。以药物研发为例，人工智能能够通过模拟药物与生物分子的相互作用，预测药物的活性和毒性，加速新药的开发过程。传统的药物研发周期长、成本高，平均需要 10 ～ 15 年的时间和数十亿美元的投入。而某制药公司利用人工智能技术，仅用几十天就设计出一种新的药物分子。这大大缩短了药物研发周期，降低了研发成本，提高了新药的成功率，给药物研发领域带来颠覆性影响。

9.3.3　工业大模型 +DeepSeek 与"杀手级"应用的距离

从工业大模型 +DeepSeek 目前展现出的技术优势和应用成果来看，它具备催生工业人工智能"杀手级"应用的潜力。在技术层面，其卓越的算法和强大的数据处理能力，为解决复杂的工业问题提供了有力的工具；在应用层面，智能质检、预测性维护和供应链优化等成功案例，展示了DeepSeek 在提升工业生产效率、降低成本、提高质量等方面的显著效果。这些应用成果不仅为企业带来了实际的经济效益，也为工业人工智能的发展指明了方向。如果 DeepSeek 能够进一步拓展应用领域，优化现有应用，那么就有可能推动工业生产模式的变革，成为工业人工智能领域的"杀手级"应用。

然而，要成为真正的"杀手级"应用，DeepSeek 仍面临诸多挑战。

数据安全和隐私保护是工业领域应用人工智能时必须高度重视的问题。工业数据往往包含企业的核心机密（如生产工艺、客户信息等），一旦泄露，将给企业带来巨大损失。在数据传输、存储和使用的过程中，如何确保数据的安全性和隐私性，是 DeepSeek 需要解决的关键问题。模型的可解释性也是工业应用中不容忽视的问题。在工业生产中，决策往往需要基于明确的因果关系和可解释的逻辑。这在一些对安全性和可靠性要求极高的工业场景中，可能会限制其应用。不同行业和企业的生产流程和需求存在差异，DeepSeek 需要更好地适配多样化的工业场景，提供个性化的解决方案，才能满足不同用户的需求。

综上所述，DeepSeek 在工业人工智能领域展现出了强大的技术实力和应用潜力，虽然距离"杀手级"应用仍面临一些挑战，但是它已经为工业智能化带来了实质性的变革。随着技术的不断进步和应用的不断拓展，DeepSeek 有望在工业人工智能领域发挥更大的作用，推动工业生产模式的创新和升级。

从更宏观的角度来看，工业人工智能的发展前景广阔。随着 5G、物联网、大数据等技术与人工智能的深度融合，工业智能化将迎来新的发展机遇。未来，工业人工智能将不仅仅局限于生产环节的优化，还将延伸到产品设计、供应链管理、用户服务等全产业链环节，实现工业生产的全面智能化和数字化转型。